المملكة الأردنية الهاشمية
رقم الإيداع لدى دائرة المكتبة الوطنية
(2024/1/228)

819.90564

مَعْلَشْ / صبيح، حسام جميل. عمان: جفرا ناشرون وموزعون 2024

ر.إ.: (2024/1/228)

الواصفات: /النصوص الأدبية/ /الأدب العربي/ /العصر الحديث/ /
فلسطين

جفرا ناشرون وموزعون

عمان -الاردن

تلفون : 00962781332881 - مراد سارة

ايميل : muradsarah01@gmail.com

الفهرس

إهداء

أهدي هذا الكتاب إلى احرار العالم الذين يؤمنون بحق كل إنسان العيش على وطنه بحرية واستقلال وسلام.

. حسام حمدان

كفرراعي/بوسطن

٢٠٢/٣٠/١٢

الظل :

قد نقول إن كل شيء على الأرض له ظل ملحوظ/ظاهري وغير ملحوظ/باطني. فالظل قد يكون ناتجا عن عامل فيزيائي، طبعيي ، جسدي، روحاني، عقلي، أخلاقي، إحساسي، مادي، أو بإرادة المخلوق والخالق.

من إيجابيات الظل أنه يخلق مكانا وحالة من الراحة، النوم، السكينة، الطمأنينة، الحماية، الهدوء، الدعم وإداك لقيمة النفس. فمن سلبيات طيلة الظل الزائد عن حده على الأرض قد يؤدي إلى سبات عميق، رقود، ضياع، كسل، نسيان، انحطاط ولأرتكان والانصياع والاعتماد على الغير.

من العوامل التي تقصر أو تقضي على الظل هي الشمس وبعض التغيرات الطبيعية والموت، كل إنسان له ظله وبحدة وبمدة تتراوح حسب علمه وتفوقه ونجاحه وغناه وأخلاقه ومشاعره ومعاملته وقوته وحبه وحريته واستقلاله.

بالحواس الخمسة الهاجس النية الأخلاق المعاملة قد تصبح وتكون ظلا لغيرك تدري او لا تدري.

فكن ذلك الإنسان له ظلا، والحب والحياة والعمران له دليلا.

(حسام حمدان/ كفرراعي ـ بوسطن ـ ٢٠٢٣/١١/٣٠)

" مَعْلَش "

نَجْمَةً بَيْنَ النُّجومْ

حَوّافِرْ وَنعالْ حَوْلَها تَدُورْ

هَلْهَلَ الهِلالُ عَلَيْها بِضَوٍّ مَعْصومْ

إِللِّي قَبّعْ قَبّعْ وَاللِّي رَبّعْ رَبّعْ يُعانِقْ خَدودْ

مَعْلَشْ لِلْحُرِّ كَرَةٌ أُخْرى بِيَوْمٍ مَعْلومْ

ثائِراً عَلى فُوَّهَةِ بَنادِقْ وَإيمانَ صَدورْ

حسام حمدان

كفر راعي / بوسطن

٢٠٢٣/١١/٢

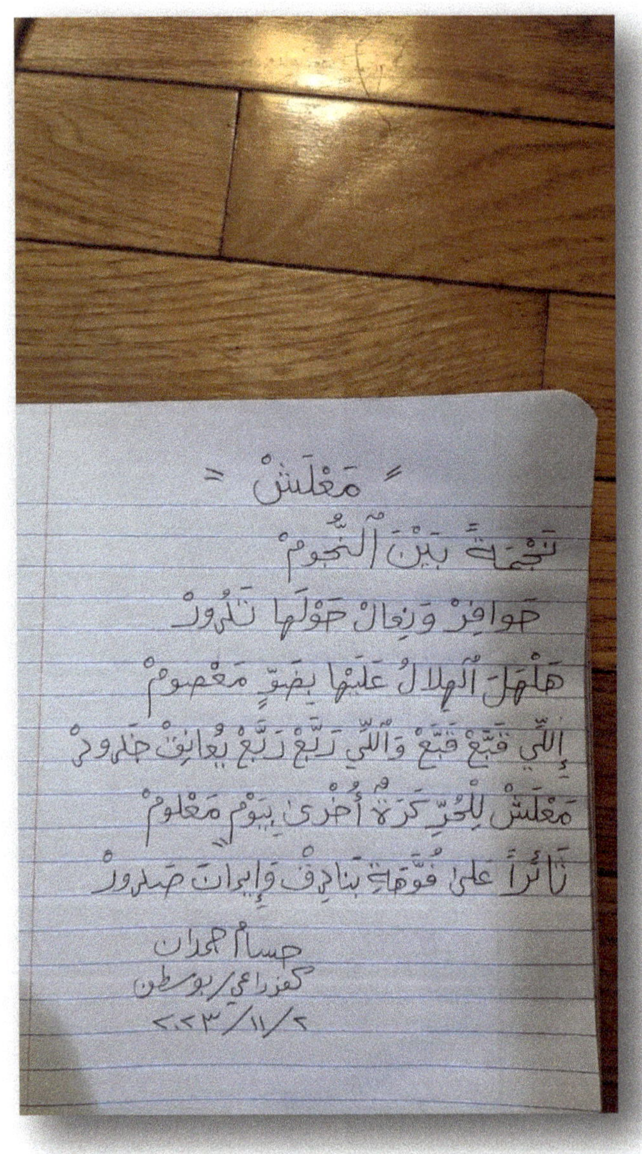

" مَغِلِش "

تَنْجِمَةٌ بَيْنَ النُّجُومْ

حَوَافِرْ وَنِعَالْ حَوْلَها تْدُورْ

هَأَهِلّ الْهِلالُ عَلَيْها يِضْوِ مَغْمُومْ

اللّي قَبَّعْ قَبَّعْ وَاللّي رَبَّعْ رَبَّعْ يِعَايِقْ جَلَمُودْ

مَغِلِشْ لِلْحُرِّ كَرَّهْ أُخْرَى يِوْمْ مَعْلُومْ

ثَائِرًا عَلَى فُوَّهاتْ بَنَادِقْ وَإِيرانْ صَدُّورْ

حسام حمدان
كفرداعي / بوسطن
٢٠٢٣/١١/٢

"طَقْسْ"

هَاهُنَّ الصَّابِراتِ

بعايرْهِنَّ الطَّقْسُ عَارياتِ

مَا تُوَشْوِشُ الأَمْواجِ وَتَحْصوا رِمالَ الذَّارياتِ

إِمَّا صُموداً وَإِمَّا حَطَباً بحِزْماتِ

حسام حمدان

كفرراعي/ بوسطن

٢٠٢٤/١/٩

تَنَفُّس
هَاهُن الصّابِرات
يُعايِزهِن الطّقس غايِبات
ما تُوَشوِش الأمواج وتَمحوا رِمال الذّاريات
إمّا مَشهودًا وإمّا خَطّياً بِجُزمات
حسام عجلان
كندا/بوسطن
٢٠٢٤/١/٩

"دَميث"

بِنِقاشٍ خُلْقَهُمْ حِقْداً وَغِلَّ

بِلَحْظةٍ وَجَدَ دَمْثِهِ تَحْتَ طَلْحَةٍ

رَطَباً وَنَسيماً تَبسَّمَ يعْطيكُمُ الُعافْيهْ

حسام حمدان

كفرراعي/ بوسطن

٢٠٢٤/١/٧

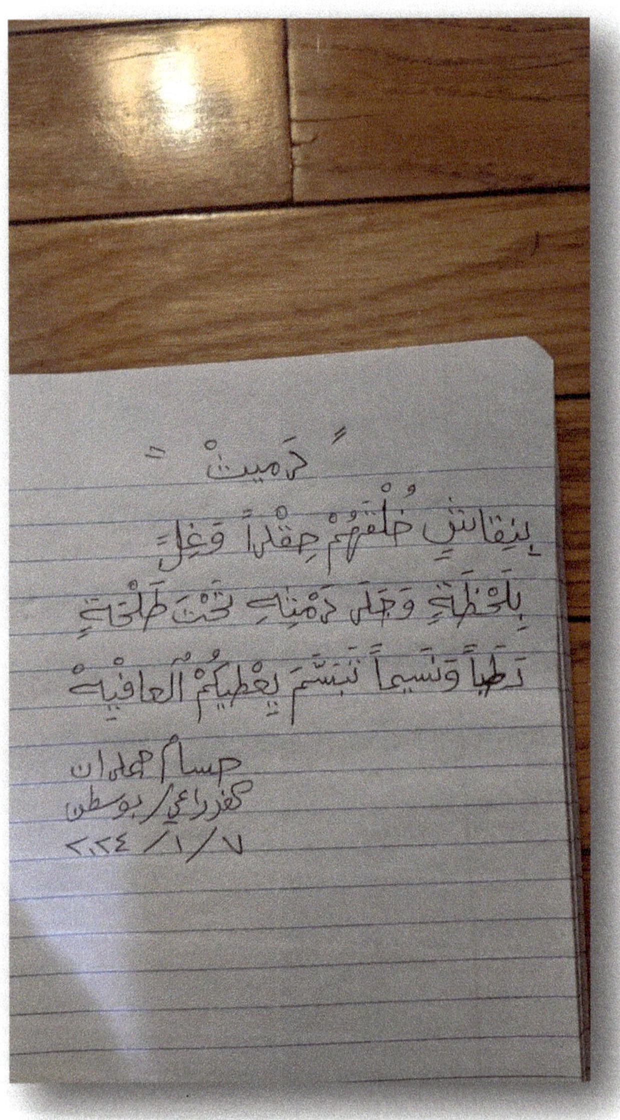

تَرميت
بنقاش خلقكم حقداً وغل
بالخطايا وعلى دمّنا تحت طاحات
دطيا ونسيعاً نبسّم نعطيكم العافية
حسام هدلان
كفرراعي / بوطن
٢٠٢٤ / ١ / ٧

"جُنُونْ"

كُلْ مَجْنونْ وَلَهُ خَالْتُهْ

أَيْنَ وَمَتَى تَجِيئُهْ لَا أَحَدُ يَعْلَمُ

مَيولَ جُنونْ عَرَّىَ عَوْراتٍ بِضِلِّ ذَيولْ

مَحْشومَةً لَعَّ فَفِرِّي الُتَّمَعْتُطْ مِنْهُ لَا مَحالْ

حسام حمدان

كفرراعي /بوسطن

٢٠٢٤/١/٦

جُنُون

كلُه مجنون ولكن خالتُه
أينَ ومتى تجيئُك لا أحدٌ يعلمُ
ميول جُنُون عرّى عوران بظلّ دِيُون
مخشومة لع فقري التشغُط منه لا محال

حسام حمدان
كفر راعي / يوسطن
٢٠٢٤ / ١ / ٦

"عِنْدَما"

عِنْدما تَكون متعودِاً عَلىَ الُرِّبحِ والُخَسارَةْ

يَكونُ سَهْلاً عَلَيْكَ حَذْفَ والُإبتَعادِ عَنِ الُكَذَّابِينَ والُحَقارَةْ

يَكونُ سَهْلاً عَلَيْكَ إضافَةَ والُقُرْبَ مِنَ الُصّادِقِينَ والُأَصالَةْ

جَيْبتَكْ مَلْيَانَةْ إدْعَسْ مَنْتي دَاعِسْ خُدْهُمْ خُدْهُمْ طَيِّبِينْ بِعِزِّةٍ وَكَرامَةْ

حسام حمدان

كفرراعي/ بوسطن

٢٠٢٤/١/٦

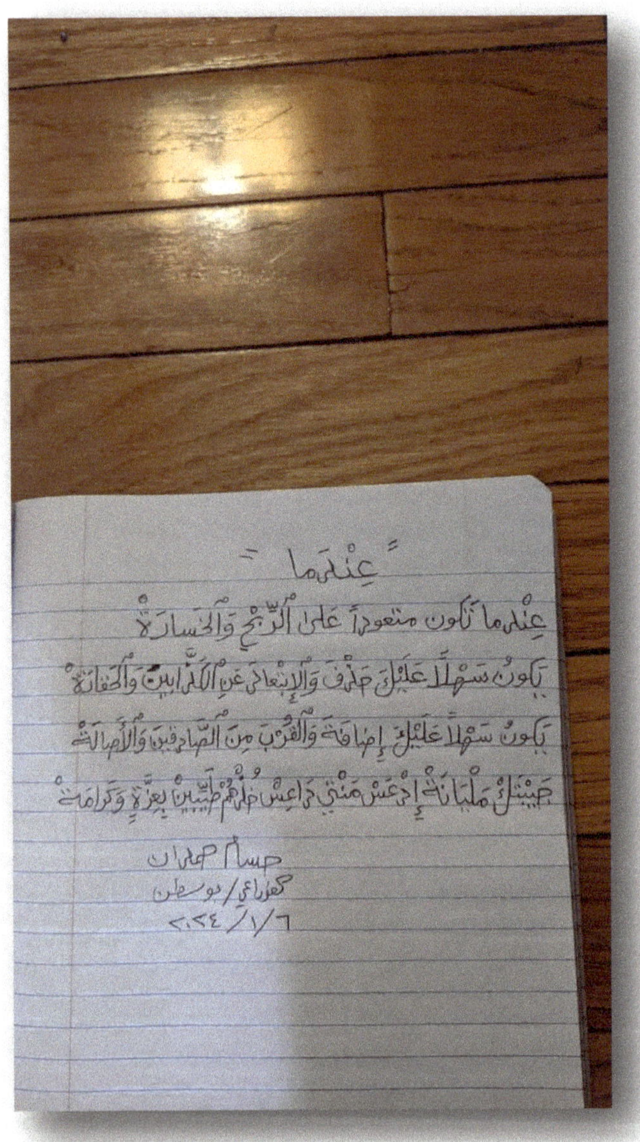

" عِندَما "

عندما تكون متعوداً على الربح والخسارة

يكون سهلاً عليك حذف والابتعاد عن الأقربين والـ...

يكون سهلاً عليك إضافة والقرب من الصادقين والأصـ...

حينئذٍ مليئاً نحن اجعش منتي حتى اعش حلّهم طيبين بعزة وكرامة

حسام مهران
كهربائي / بوسطن
٢٠٢٤/١/٦

" ثَباتْ "

طَيْرُ الُّدُّويري يَطيرُ سَلوىَ وَمَنْ

بَمِنْقارِهِ قَشَّاً يَبْني عِشَّهُ الِّمدَوَّرْ فَنَ

أَوْراقُ الّتَّاريخِ تَتَطايَرْ عَلىَ خَارِطَةِ جَنْ

دَرْبِ ch عَدْرَمْ خُلْخالهُا وَأَساوِرُها تِخَرْجِشْ تَرِنُّ رَنْ

أَبو الّسِّمنْ طَائُر بِلادي بَيْنَ الُّعمِايْر حَنيناً عَمْ

حسام حمدان

كفرراعي/ بوسطن

٢٠٢٤/١/٥

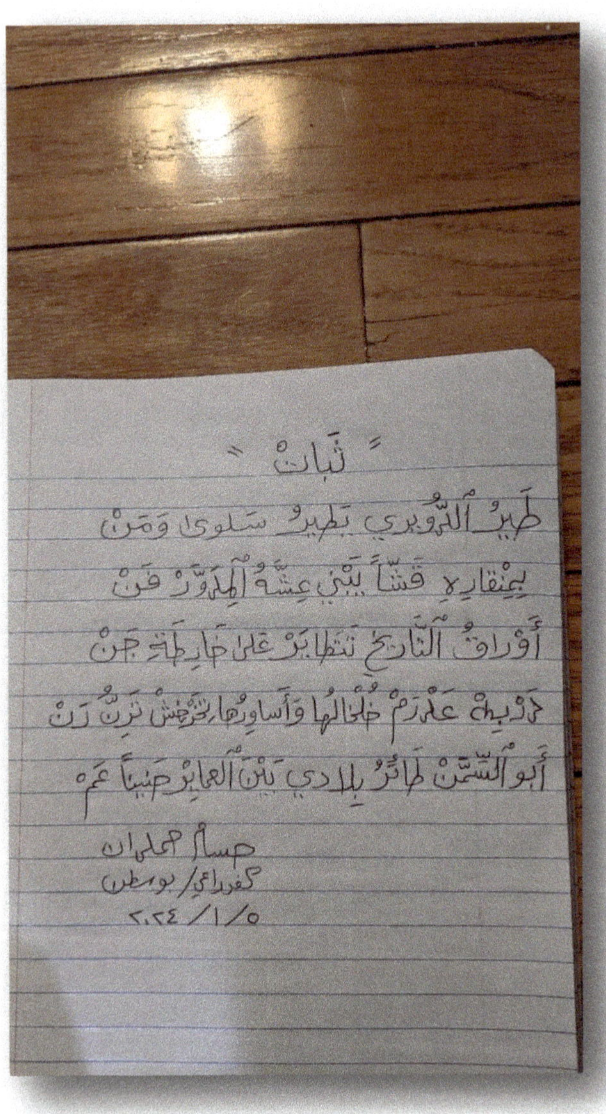

" ثَبَاتٌ "

طَيرُ الدُّوريِّ يَطيرُ سَلوى وَمَنْ
بِمِنقارِهِ قَشّاً يَبنِي عِشَّهُ المُدَوَّرْ قَنْ
أَوراقُ التّاريخِ تَتَطايَرُ عَلى خارِطَةٍ جَنْ
حَذبة عَمَّرَمْ خِلخالِها وَأَساوِرُها تُرخِشُ تَرِنْ رَنْ
أَبو السَّمَنْ طائِرٌ بِلادي بَيْنَ العايِرِ حِينًا عَمْ

حسام حمدان
كفرداعي / بوسطن
٢٠٢٤ / ١ / ٥

" فِيران "

الُفيرانْ في بَعْضِ الُأماكِنْ سِرِّبْ مِرَّبْ

بيفُتِنْ في الُّثَلاجاتْ بُوكِلِنْ وِالُّزَلَمي إلَّي بقَرِّبْ

نَمْسُ الُجُحورِ وَالُخُزوقِ يشِمْهِنْ وَما بزْقَهْنْ

حسام حمدان

كفرراعي/ بوسطن

٢٠٢٤/١/٤

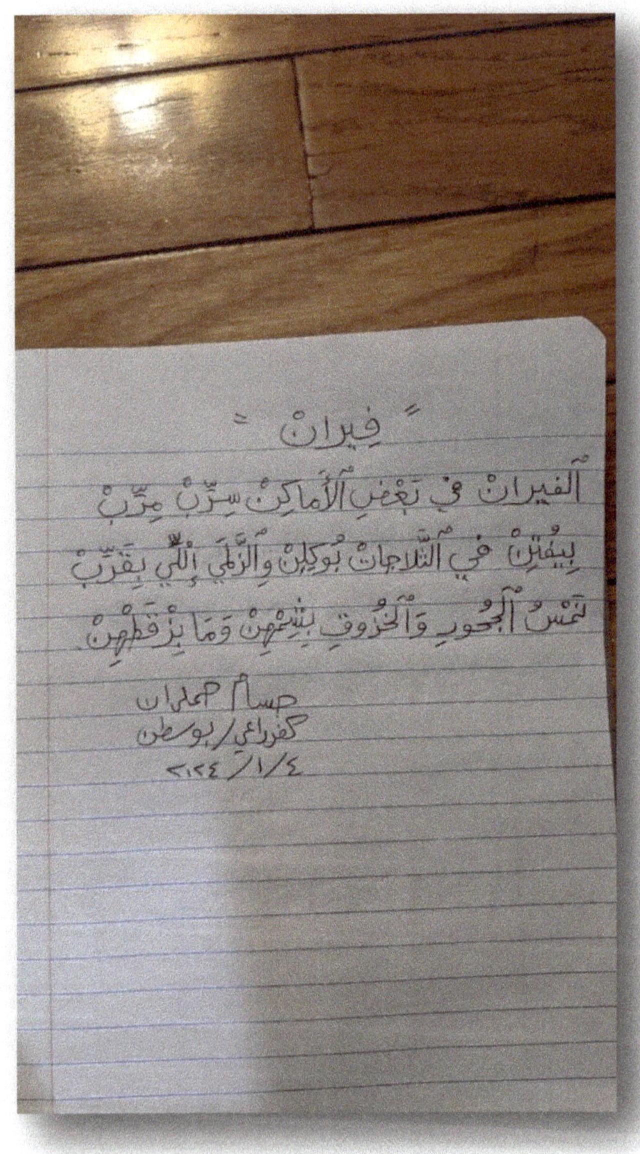

" فِيران "

الفيران في بَعْضِ الأَماكِن سِرّن مِرّن
بيفتن في الثلاجات بوكلن والزّلَّي اللّي بقرّب
تمس الجحور والخروق بشمهن وما بز قطهن

حسام حمدان
كفرراعي / يوطن
٢٠٢٤/١/٤

" نَفَذْ "

نَظَراتٍ أَطْلَقَتْ سَراحُهْ

بَيْنَ الْهَشِيرِ يَبْدو مَراحُهْ

قَصباً صَفَّرَ قَنَّاصاً أَطْلَقَ رَصاصه

تَقَلَّبَ رَدَّهْ وَرَدَّهْ مَا صَابُهْ

حسام حمدان

كفرراعي/ بوسطن

٢٠٢٤/١/٣

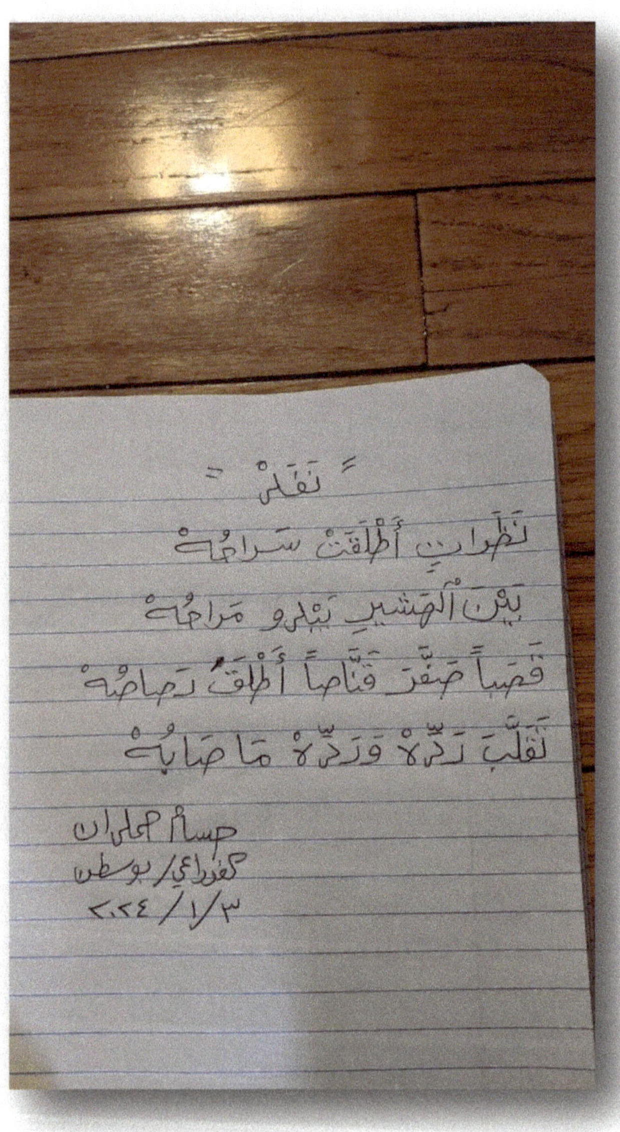

نَقْش

نَظَراتٍ أَطْلَقَتْ سِراحَهُ
بَيْنَ الهَشِيمِ تَبْذُرُو مَراحَهُ
قَمِيصاً صُفِرَ قَتاماً أَطْلَقَ رَصاصُهُ
تَقَلَّبَ تَرَدَّهُ وَرَدَّهُ مَا صابَهُ

حسام محيران
كفرداعي/ يوسطن
٢٠٢٤/١/٣

" أَلِفْ "

أَلِّفْلَكْ كِتابْ...

حَتَّىَ تَتَعَوَّدَ وَلَاَ تَتَفاجأُ بِحَمْلِ كِتابُ حَياتِكَ يَوْمَ الْحِسابْ

لَعَلَّهُ نُوراً عَلَىَ نُورْ مَهْما طِوُلَتْ أَوْ قِصَرَتْ أَنْظارُ وَأَنْيابْ

حسام حمدان

كفرراعي/ بوسطن

٢٠٢٤/١/٢

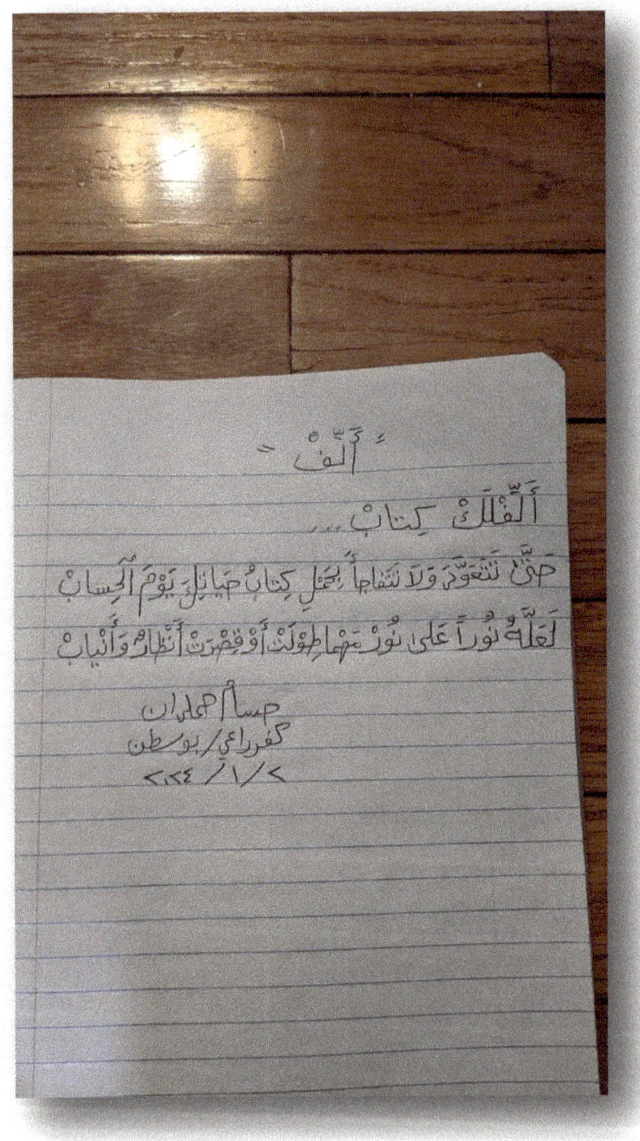

" أَلِفْ "

أَلْقَلَكْ كِتَابْ ...

حَتَّى نَتَعَوَّدَ وَلَا نَتَفَاجَأَ بِحَمْلِ كِتَابٍ حَيَائِلِ يَوْمَ الْحِسَابْ

لَعَلَّهُ نُوراً عَلَى نُورٍ مِنْهَا طُوِّلَتْ أَوْ قُصِّرَتْ أَنْظَارٌ وَأَنْيَابْ

حسام المهداان
كفرراعي/بوسطن
٢٠٢٤/١/٢

" نِهايَةٌ "

نَبحٌ وَعَضٌّ وَقَتْلَ بَدَأَ إِروِّحْ

ذَنْبُهُ بَيْنَ رِجْلَيْهِ مَحْشوراً إِمْدولِحْ

تَعْليمُ كَلْباً عَجوزاً خِدْعِةِ جَديدَةٌ عَبَثاً اُلْيَوْمَ وَإمبارِحْ

قَصُرَ مَطِالك نَابِحْ قُيوداً وَحَظِيَرةً نِهايَةُ جَارِحْ

حسام حمدان

كفرراعي/ بوسطن

٢٠٢٤/١/١

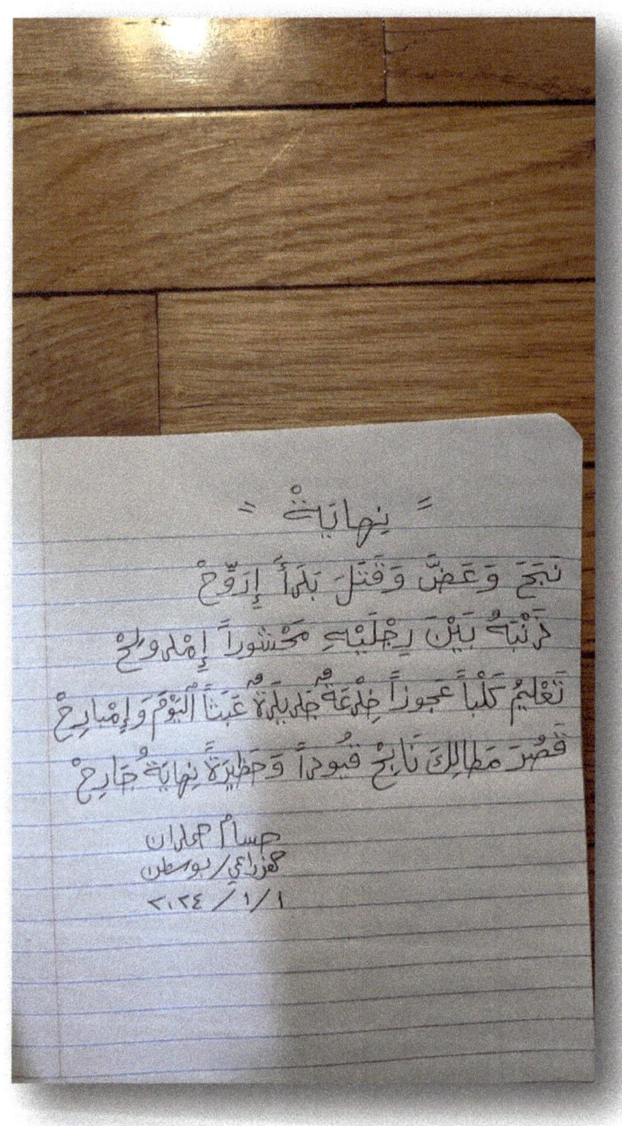
= نِهايات =

نَبحٌ وَعَضٌّ وَقَتلٌ بَدَأَ إِرَوّح
حَرَّبتُكَ بَينَ رِجليهِ مَحشوراً إِملى ورُوح
تَعليمٌ كَلباً عجوزاً خِرعَةً جَديلةً عَبِثنا اليَومَ وإمبارِح
قَصِّر مَطالِكَ نايح قيوداً وَحَظيرةً نِهايةً جايح

حسام حملان
كورامي / بوسطن
٢٠٢٤ / ١ / ١

مَلْحوظْ

فَحِّجْلكْ فَحْجِهْ خُذِ الْعَالَمْ بِدَهْشِهْ

مَلْحوظَةً مَلْموسَةً بَيْنَ يَدَيْكَ بِأَنْفاسٍ وَحَوَاسٍ خَمْسِةْ

لَاعِبْها وَدَاعِبْها ضُمَّها وَرَقْصُ الْفَراشِ فِرْجِهْ

بِحِلِمٍ مُبينْ مِسْتَلْقِياً عَجَنْبِ الْيَمينْ مَخَدِّهْ وَفَرْشِهْ

لَارَيْبَ بِسَكينَةٍ حَلَّتْ عَلَىَ قُلوبٍ بِالْحُبِ سِمْحَهْ

حسام حمدان

كفرراعي/ بوسطن

٢٠٢٣/١٢/٣١

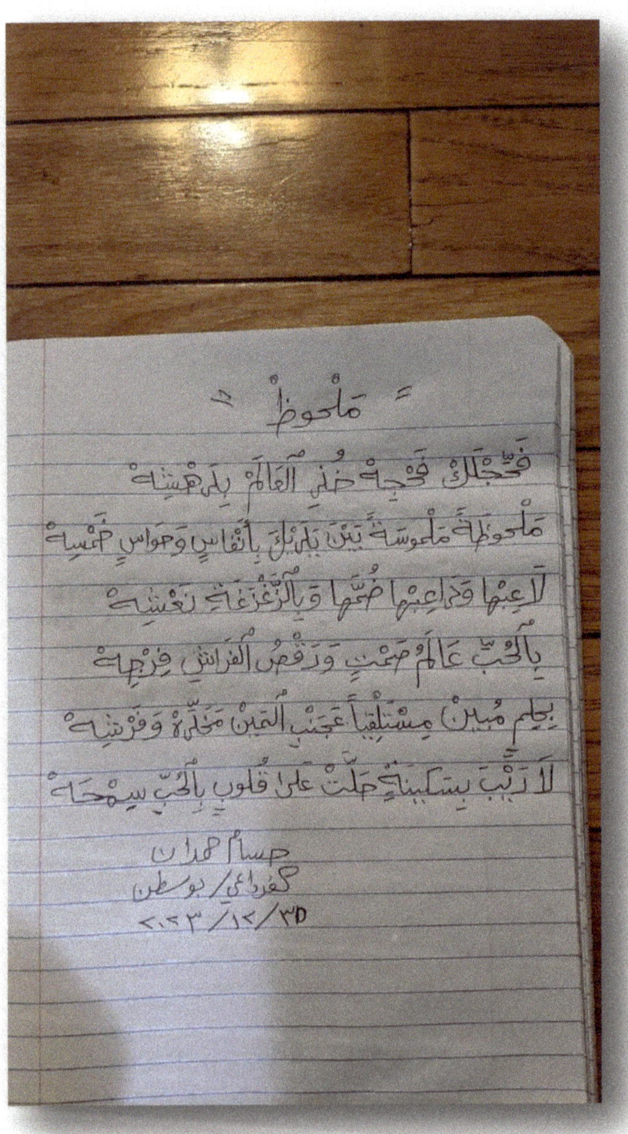

= مَلحوظ =

فِجِلْك فَجّة حُزنِ العَالَم بِدَهِشِنَه
مَلحوظَة مَلموسَة تَبَيَّن بالأنفاسِ وَحواسٍ خَمسَه
لا عَينُها وَلا عَينُها ضَمّها وَبالزَغزَغَة نَغشِنَه
بالكَتبِ عالَم مَحنِت وَرَقصِ الفَراشِ فَرحِها
بِعِلمٍ مُبين مُستَلقياً عَجنَب العَينِ مَخلِيَّة وَفَرشِنَه
لا رَتّب بِسَكينَة حَمَلَت على قُلوب بالحُبِّ سِمحَه

حسام هدان
كوردي / بوطن
٢٠٢٣/١٢/٣٥

"كَلامْ"

أَعْلِكَ وَتَذَوَّقَ كَلِماتِكَ قُبَيْلَ كَلامِكَ

لَا يَمْضُغُ شَوْكَ الصَّبْرِ إلاَّ جَمَلْ

فَوَّارَةَ رِيالَةٍ عَلىَ الُشَّفَتَيْنِ تَحَمَّلْ وَحَمَلْ

حسام حمدان

راعي/ بوسطن

٢٠٢٣/١٢/٢٨

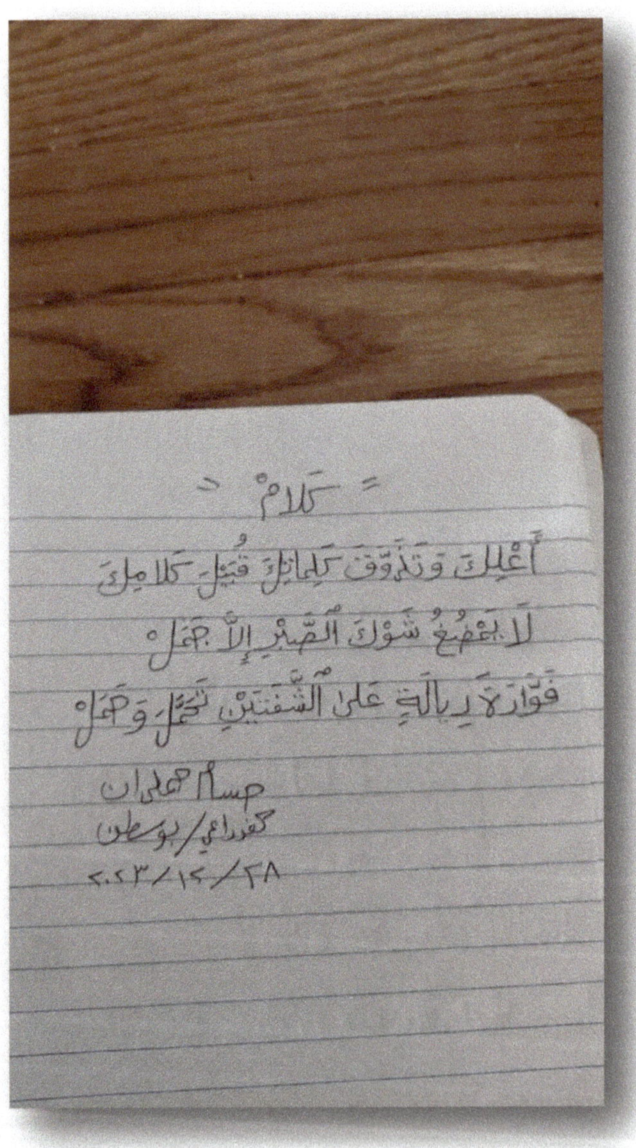

= كلام =

أغلك وتذوّق كلماتي فتيل كلامِلي

لا تجمع شوك التّمر الا جَمَل

فوار لا زيالة على السّفنتين تحمل وتحمل

حسام حمديان
كفرداعي / يوسطن
٢٠٢٣/١٢/٢٨

"سِياسِي"

قَدِّيشْ كَانَ يَلْمَعْ

اّلآنَ غَامِقاً لَا يَطْرَحُ وَلَا يَجْمَعْ

رَأْسَهُ بينَ يَدَيْهِ كَيْفَ يُلبِّسُ وَيَخْلَعْ

لَا مَحْسوبِيَّةً أَنْتَ مَنْ حَلَقَ الُّسَّلامِ أَقْرَعْ

حسام حمدان

كفرراعي/ بوسطن

٢٠٢٣/١٢/٢٨

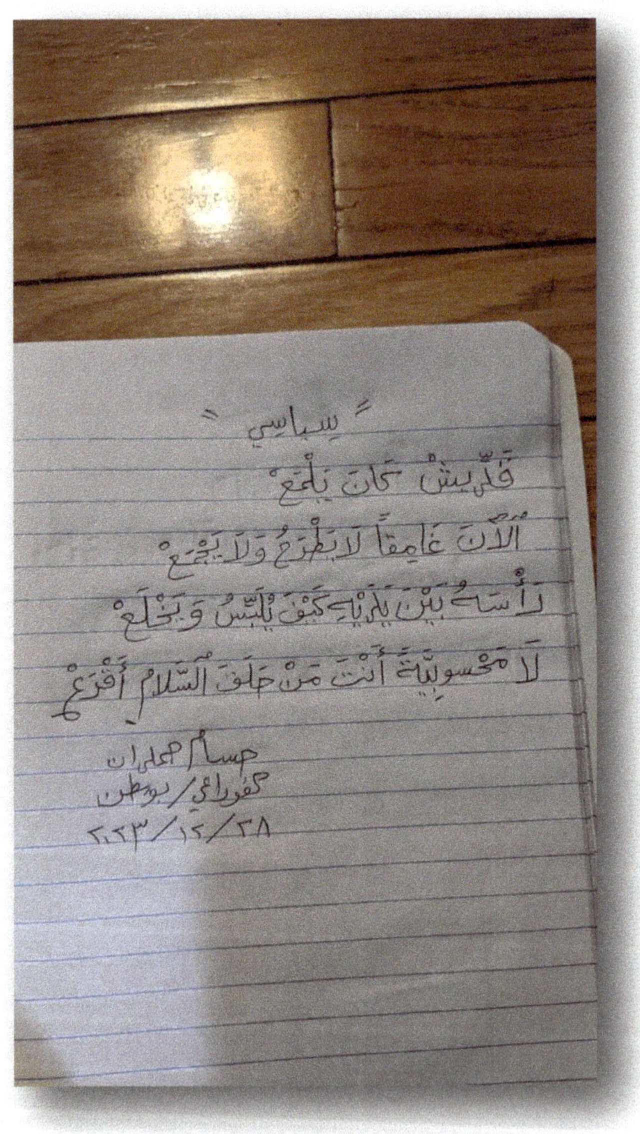

" سياسي "
قديش كان يلمع
الآن غامقاً لا يطرح ولا يجمع
رأسه بين يديه كمن يلبس ويخلع
لا مسؤولية أنت من حلف السلام أقرع
حسام الحمران
كفرواعي / بوطن
٢٠٢٣/١٢/٢٨

"قُرْمِيَّةْ"

خَرَّفْتَكْ خُرِيرِفْه مِنْ سِتَّكْ شْرِيرِيفِهْ

قُرْمِيَّةِ الْزِّيتونِهْ كَانَتْ تِحch وَتَفُرُch الْظَّهِرْ فَرِيريch‍ه

أَغْصانِها مِعَرَّوشِهْ إِعْريرِشِهْ

وَرَقِها عَلىَ الْأَرِضْ مَفْرود فْرِيرِشِهْ

بِظِلِّها عِشْنا لِلرِّضَىَ وَبِالْرِّضَىَ غْرِيريشِ

لَا تَقْلَعُوها قِرْشِ الْصَّبا مِنْها وَفيها قْرِيريشِ

رَبَّكَ يَتَفَقَّدْ عِبادِهْ لِيَعْطي عَبْداً فَيَرْضَىَ .

حسام حمدان

كفرراعي بوسطن

٢٠٢٣/١٢/٢٨

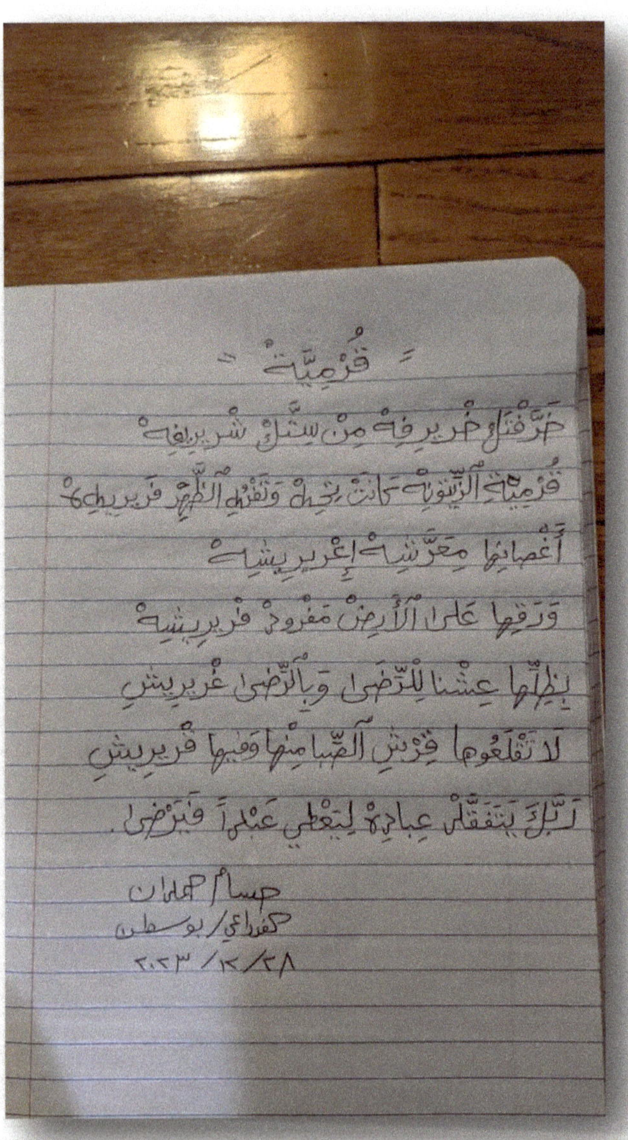

قُزْمِيَّة

خَرَّفَنَّا خَرِيرِفَه مِنْ شِتَاءْ شَرِيرِيفَه
قُزْمِيَّةُ الزَّيْتُونِ كَانَتْ بِتِحِشْ وَتَفْرُشِ الطِّيرِ فَرِيرِيشَه
أَغْصَانُهَا مِعَرَّشَه إِغْرِيرِيشَه
وَوَرَقِهَا عَلَى الْأَرْضِ مَفْرُوش فَرِيرِيشَه
بِظِلِّهَا عِشْنَا لِلرِّضَى وَبِالرِّضَى غَرِيرِيش
لَا تِقْلَعُوهَا قُزْنِ الْعَبَّا مِنْهَا وَفِيهَا فَرِيرِيش
رَبِّكَ بَيَفْقُلِ عِبَادِهْ لِيَعْطِي عَبْدًا فَيَرْضَى.

حسام حمدان
كفرعاقب / يوسطن
٢٠٢٣/١٢/٢٨

"بِالْنَّومْ"

تَنْظُرَ عَيْنْ... بدِّي هَايْ وَهَايْ بدِّي كُلَّ شَيْء!

اُلْقَنَاعَةْ تَبْدوا بَيْنَ الْعَيْنْ وَنَظْرَتِها

وُجِدَ الْنَّوْمْ لِكَبْحِ وَالْتَّحَكُّمِ بِالْجَشَعِ وَالْطَّمَعِ وَالْشَّبَعْ

حسام حمدان

كفرراعي/ بوسطن

٢٠٢٣/١١/٢٧

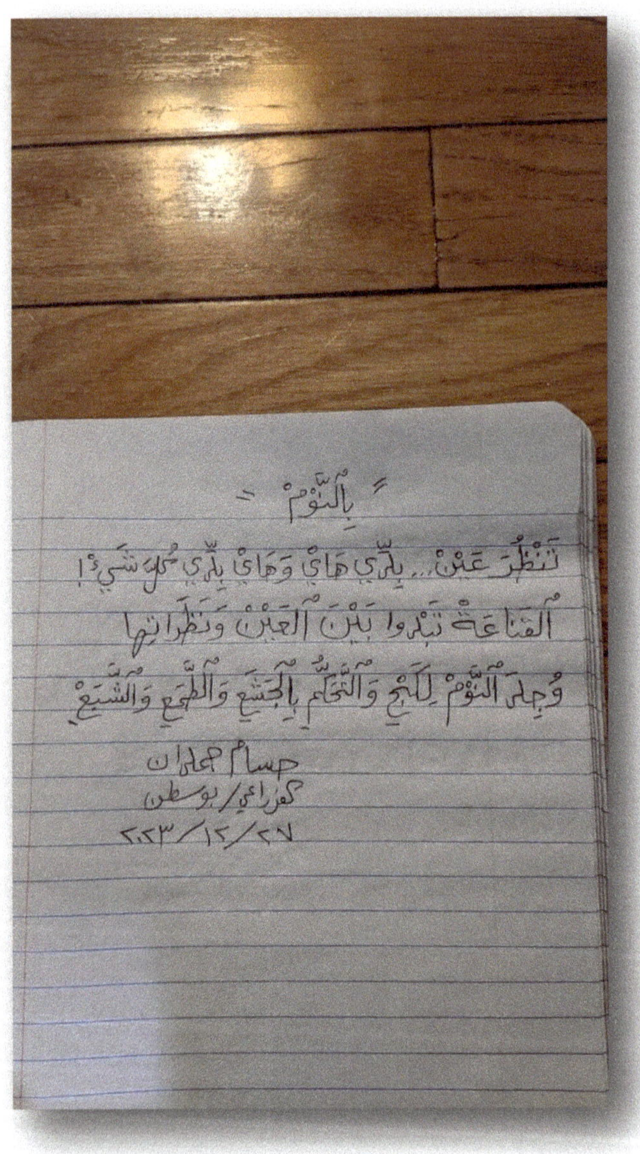
" بِالنَّوْم "

تَنْظُر عَين... بِتِّرِي هَاي وَهَاي بِتِّرِي كُل شَي!
القَنَاعَة تِبْدَوا بَين العَين وَنَظَراتها
وُجِهَتي النَّوْم لِكُل وَالنَّحَام بِالجَشَع وَالطَّمَع وَالشِّبَع.

حسام حمدان
كفرامي / بوسطن
٢٠٢٣ / ١٢ / ٢٧

"إِضْطِرابْ"

إِخْتَلَطَ الْحَابِلْ بِالْنَّابِلْ

أَغْلَقَ مَعَايِرْ مَجاعَةً وَهَدِمْ مَنازِلْ

دَشَعوا خَايْفِينْ عَلَيْهِ مِنْ زُوبَعَةِ مَزابِلْ

ضارِيةً بَيْنَ هَبايلْ إِمْطَبَّعَةٍ رِجالْ فُروجْها مَهابِلْ

الْمُقاوِمْ مُقاوِمٍ مِنْ بَيْنَ الْزُّكامْ وَعَلَى الْحَبايِلْ

حسام حمدان

كفرراعي /بوسطن

٢٠٢٣/١٢/٢٧

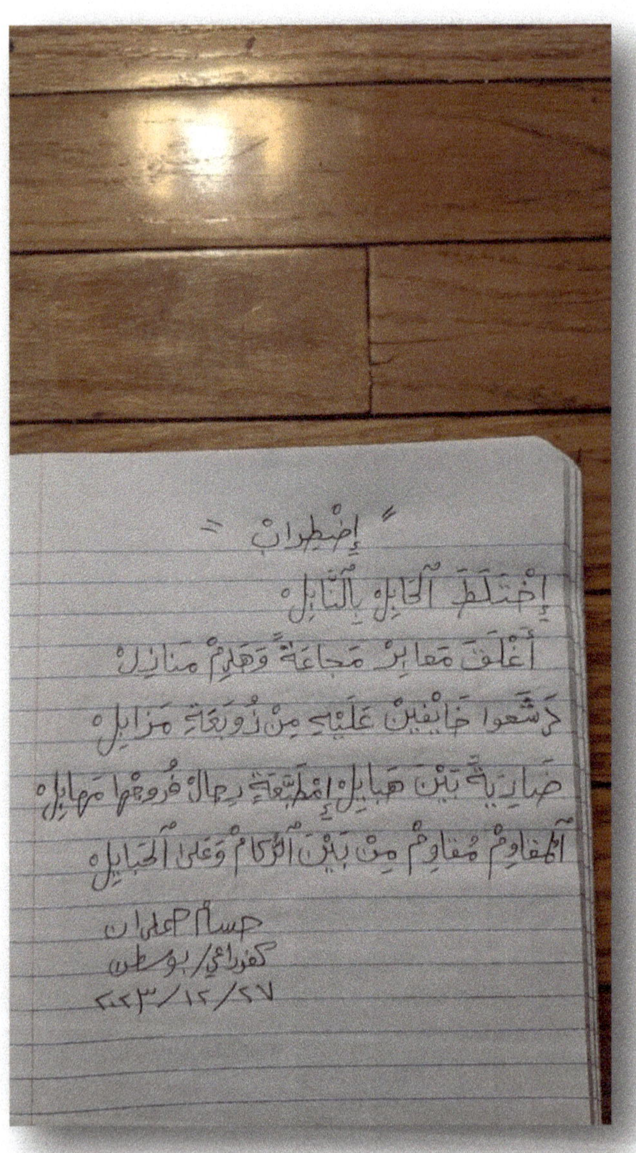

" إضْطِران "

إخْتَلَطَ الْحَابِلُ بِالنَّابِلْ
أَغْلَقَ مَعَابِرُ مَجَاعَةٌ وَهَدَمْ مَنَازِلْ
خَشَعوا خَائِفِين عَلَيْنَا مِنْ زُوبَعَةٍ مَزَابِلْ
ضَائِرِيَّةٍ بَيْن هَبَائِلْ اِمْطِشَعَتْ رِجَال فُروعْهَا مَهَابِلْ
الْمُقَاوِمْ مُقَاوِمٌ مِنْ بَيْن الرُّكَامْ وَعَلَى الْحَبَائِلْ

حسام عمران
كفراعي / بوطن
٢٠٢٣/١٢/٢٧

"فِئَةٌ"

أَطْرَشَطْنا أَصْواتَ الْقَذائِفِ وَالْصَّواريخِ وَالْمَسَيَّراتِ وَالْطَّائِراتْ

مَا عُدْنا نَسْمَعُ عَويلَ الْإِبادَةِ وَأَنينَ الْبِناياتِ وَالْمُكَبِّراتِ وَالْأَجْراسْ

فِئَةً قَليلَةً طَمَسَتْ أَنْفاسَهَمْ بَشَراً بِمِلْياراتْ .

حسام حمدان

كفرراعي/ بوسطن

٢٠٢٣/١٢/٢٦

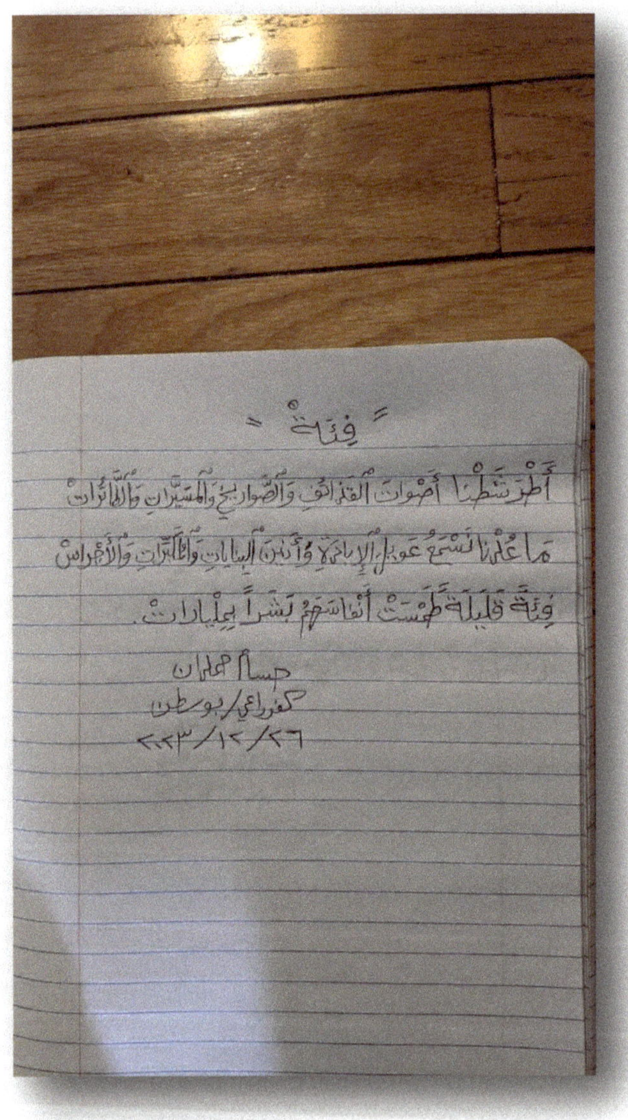

" فِئَةٌ "

أطرَ نشاطَنا أصواتُ القذائفِ والصواريخِ والمسيّراتِ والطائراتِ

ما عدنا نسمعُ عويلَ الأمهاتِ وأنينَ الياباتِ والأكراتِ والأجراسِ

وَنةٌ قليلةٌ طمست أنفاسهم بشراً بعياراتٍ

حسام همدان
كفرواعي / بوسطن
٢٢٢٣ / ١٢ / ٢٦

"يَدْ"

اَلْخِنْصَرُ وَالْبِنْصَرُ عَلَىَ بَطْنُ اْلْيَدِّ نِيامُ

حَفْنَةٌ بِاْلْيَدِّ لَالَا وَمَا لَهَا مَقامُ

مَا أَغْلاهُ إِصْبعٌ حُرّاً طَلِيقُ

يَجْمَعُ يُفَرِّقُ وَبِاْلْعَضَدِ وَاْلْزَّنَدِ وِصالاً وَعَوْنُ

خَفْشْةٌ دَفْشْةٌ قَبْضَةٌ ضَمَّةٌ بِلَمَّةِ أَصَابِعُ

ضَمَّةْ حَبِيبُ اْلْإِصْبَعُ دَاعِي وَمُجيبُ

حسام حمدان

كفرراعي/بوسطن

٢٠٢٣/١٢/٢٥

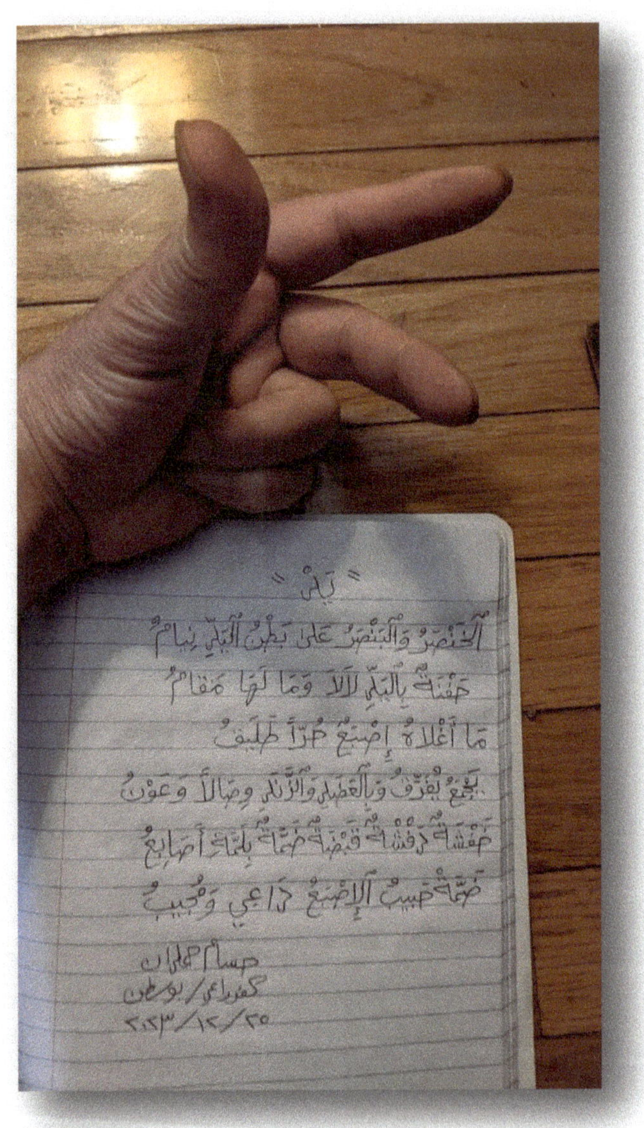

" سَماحَةْ "

حَرْبَ الإِبادَةِ أَوْجَعَتْنا وَأَيْقَظَتْنا أَحْراراً تَقاوِمْ

عَدُوّاً لاَ يَفْهَمَ وَلاَ يَحْتَرِمَ غَيْرَ قُوةَ سِلاحٍ

لاَ سِلاماً ولاَ إِتّفاقاً دائِمٌ أَنْتَ إِحْتِلالاً

أَرْضَنا لَكَ مَشاعاً وَأَجْسادَنا ضَحايا كُوشَراً مُباحاً

بِعِلْمِكَ وَمالِكَ وَجَسَدِكَ جُوبَ الأَرْضِ بَاحثاً

عَنْ قُوَّةَ رَدْعٍ تَكْبَحَ جُماحاً وَتُحَلِّقْ جَناحاً

عَلَمَ دَوْلَةً حُرَّةً مُسْتَقِلَّةً عِنْدَئِذٍ سَماحَةْ

حسام حمدان

كفرراعي/ بوسطن

٢٠٢٣/١٢/٢١

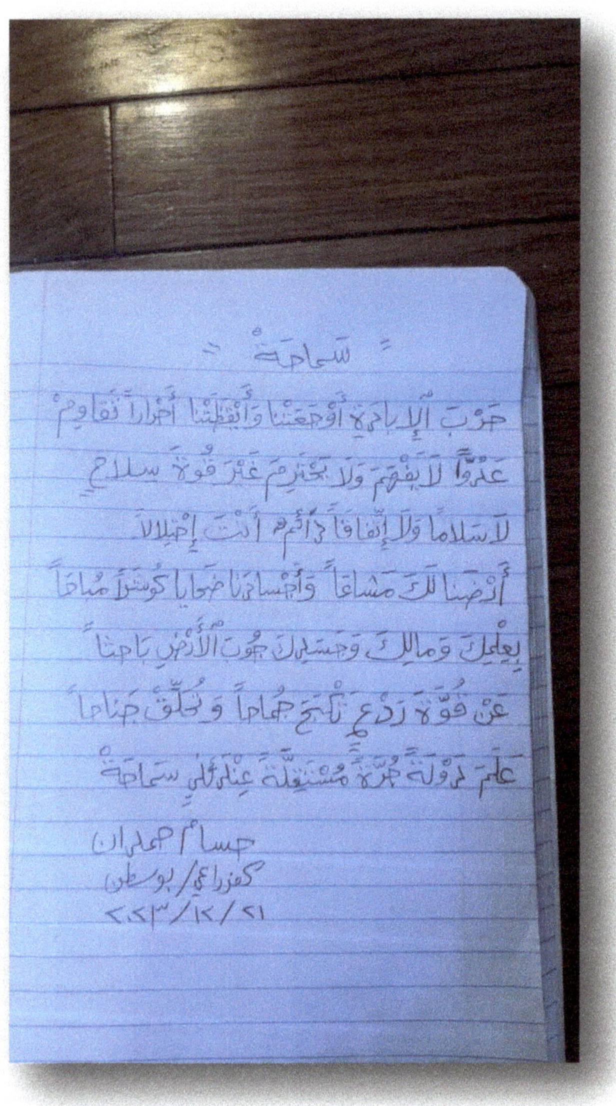
:: سماحة ::

حَرْبُ الإبادة أوجعتنا وأيقظتنا أحراراً نقاوم
عدوّاً لا يفهم ولا يحترم غير قوة سلاح
لا سلاماً ولا اتفاقاً جازم أنت احتلالاً
أرضنا لك مشاعاً وأجسادنا ضحايا كوستر مباحاً
يعملك ومالك وجستل جهوت الأرض باسمنا
عن قوة ردع نرجح جماماً ونحلق جناحاً
علم دولة حرة مستقلة عندي على سماحة

حسام حمدان
كهرزائي / بوسطن
٢٠٢٣/١٢/٢١

" إِرْثْ "

إِنْ خَرَجْتَ مِنْ هَالدِّنْيا طَبْعاً لاَ مَحالْ

يعْمَرْ بَيتَك وَعُمْرَك عَافية وَآمالْ

تَأكَدَ أَنَّكَ تَرَكْتَ خُرْجَكَ مَلانْ

فِيهِ دَفاتِرْ وَكُتُبْ وَالقَلَمْ أَلْوانْ

حسام حمدان

كفرراعي /أبوسطن

٢٠٢٣/١٢/٢٠

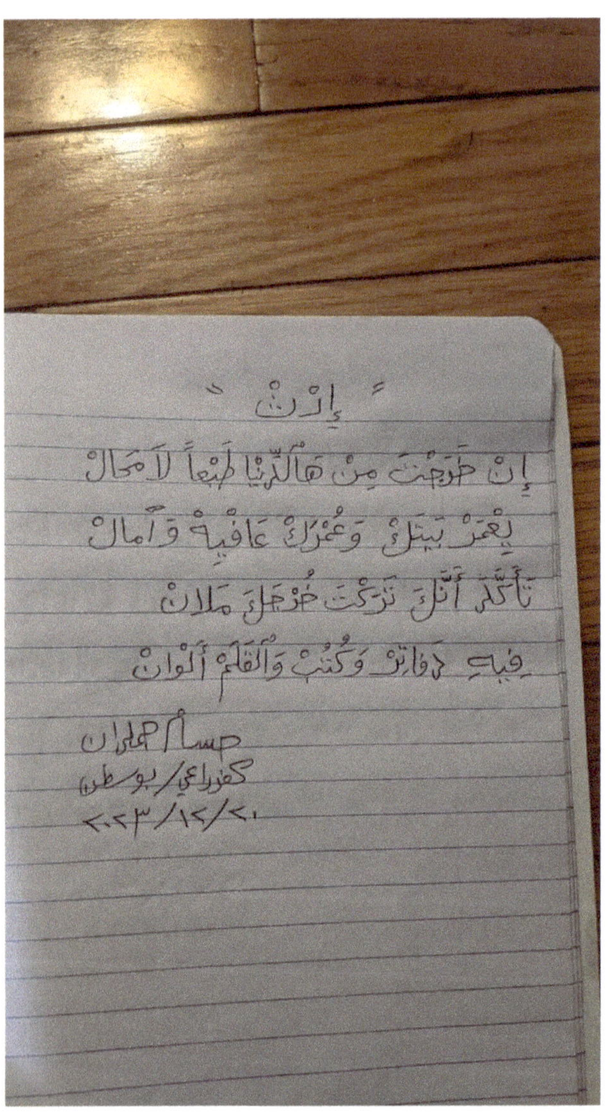

إِذَنْ

إِنْ طُرِحْتَ مِنْ هَالدُّنيا طِبعاً لَأَمَالْ
يَعمُرْ بَيتَكْ وَعُمْرَكْ عَافِيَة وَآمَالْ
تَأَكَّدْ أَنَّكَ تَرَكْتَ خُزْجَلاً مَلَانْ
فِيهِ دَفَاتِرْ وَكُتُبْ وَالْقَلَمْ أَلْوَانْ

حسام مهران
كفر راعي / بوطن
٢٠٢٣/١٢/٢٠

" ذَرَّةْ "

حَتَّى لَوْ كَانَ الخَيْرِ مِثْقالَ ذَرَّةٍ خَيْراً

مَا تَفْعَلَهُ مِنْ خَيْرٍ تَجِدَهُ عِنْدَ اللَّهِ وَعْداً

أَلْهِمْنا وَأَهْدِينا لَفِعْلَ الخَيْرِ دَائِماً وَأَبداً

يَوْمَكَ خَيْرْ أَبو الخَيْرْ عَلَيْنا وَعَلَيْكَ خَيْراً

حسام حمدان

كفرراعي/ بوسطن

٢٠٢٣/١٢/٢١

= خَرْزَة =

حَتَّى لَوْ كَانَ الخَيْرُ مِثْقَالَ ذَرَّةٍ خَيْرًا

مَا تَفْعَلُهُ مِنْ خَيْرٍ تَجِدْهُ عِنْدَ اللَّهِ وَعُظْمًا

الرَّحْمَنُ وَأَهِّبِينَا لِفِعْلِ الخَيْرِ دَائِمًا وَأَبَدًا

يَوْمًا خَيْرٌ أَبُو الخَيْرِ عَلَيْنَا وَعَلَيْكَ خَيْرًا

حسام الحلوان
كفر راعي / يوسطن
٢٠٢٣ / ١٢ / ٢١

" تَغْريدَةْ "

تغْريدَةُ السِّياسَةْ مِهْنَةٌ وِسْخَةْ

بالشَّرِّ كُلَّ شيءٍ مُمْكِنْ وَبِلَحْظَةْ

رَأْساً عَلى عَقِبْ تْرِنْداً بِوَلِّعِ بِطْفي حَطَبْ

الطَّقْسَ بارِداً دَفِّيني بِنارٍ لاَ خُطَبْ

أَيْنَهُ رَفيعَ المُسْتَوى لاَ سِمْعَتْ ذَانَهْ وَلا شَافَتْ عَينَهْ

حسام حمدان

كفرراعي /بوسطن

٢٠٢٣/١٢/٢٠

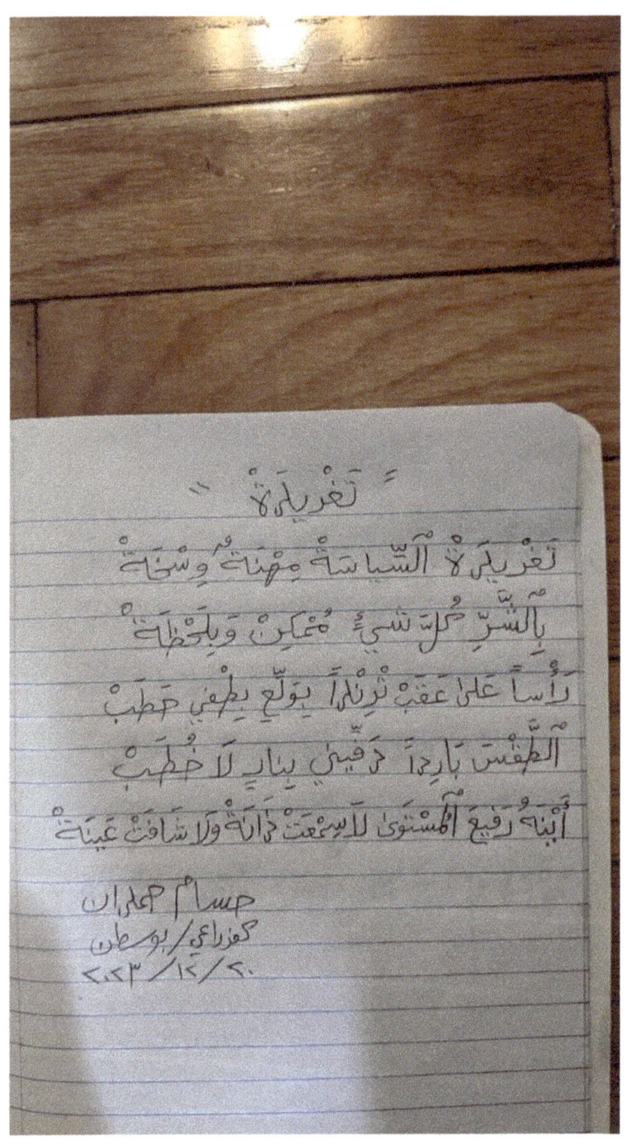

تَغْرِيبَة

تَغْرِيبَةُ السِّياسَةُ مِهْنَةٌ وشِنَةٌ
بِالشَّرِّ كُلُّ شيءٍ مُمْكِنٌ وبِلُطْفِهِ
رَأْساً على عَقِبٍ ثورةً يُوَلَّعُ بِطِفْلِ مطبٍ
الطَّقْسُ بارِحاً فيهِ نارٌ لا خَطبٌ
أَبناهُ رَفيعُ المُسْتوى للأسمعت جِرانهُ ولا شافت عينا

حسام حمدان
كفرزارعي / بوطان
٢٠/١٢/٢٢٣

" قَعْدَةْ "

مُؤَخَّرَةْ هَالحَبِلْ مِشَرْشَبِهْ فَالْتِهْ

كُلْ مَا عَقَدْناها تَفْسَخْ مَا في فَائِدِهْ

لَفًّ وَدَوَرانً بِمَصيرٍ لاَ جَدْوى بِلاَ قَعْدَةِ طاوْلِهْ

حسام حمدان

كفرراعي /بوسطن

٢٠٢٣/١٢/٢٠

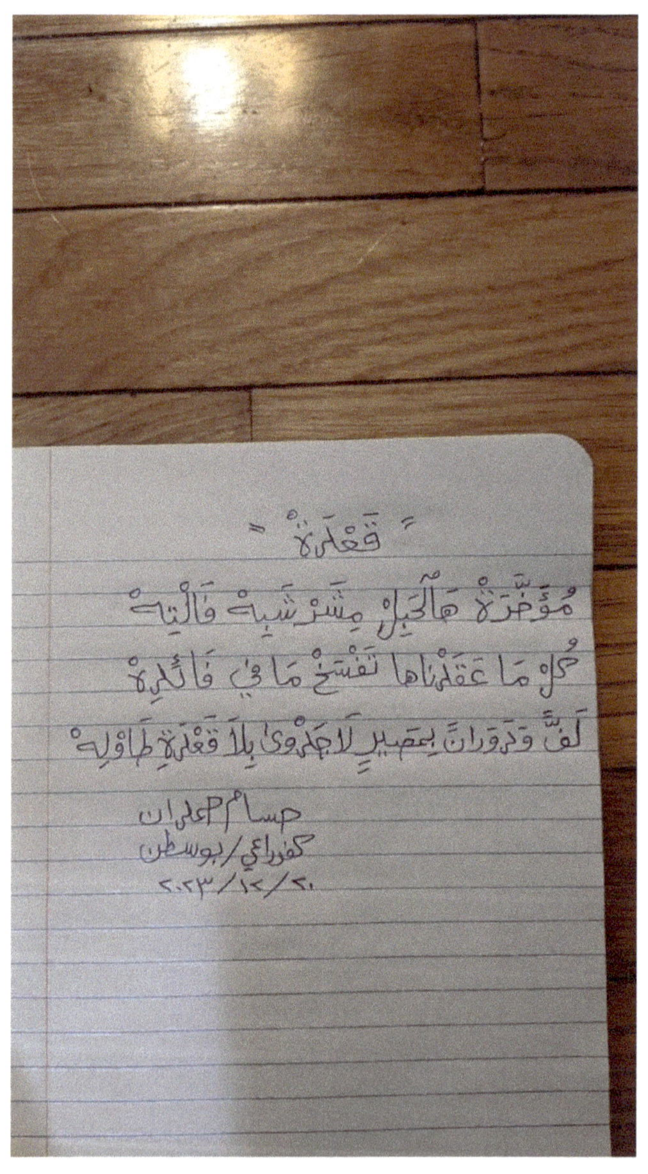

= قَعْدَرَة =

مُوَفِّرَة هَالْحِبَال مِشْ شَبِّة فَالْتَات
كُلّه مَا عَقَّدْنَاها تَفْسَخْ مَا فِي فَأَكْثَرَة
لَفّ وَدَوَرَان بِمَصِير لَا جَدْوَى بِلَا قَعْدَرَة طَاوِلَة

حسام عدنان
كفراعي / بوسطن
٢٠٢٣ / ١٢ / ٢٠

" عَشْوائِي "

فَتْحَةً إِمْدَلِّيَةً بالهَوى

بِتْلوِلِحَ عَقَدْ رَقْبةَ مِينْ؟

عِقاباً عَشْوائِياً قائِماً مَا إِنْتَهى

حسام حمدان

كفرراعي /بوسطن

٢٠٢٣/١٢/١٩

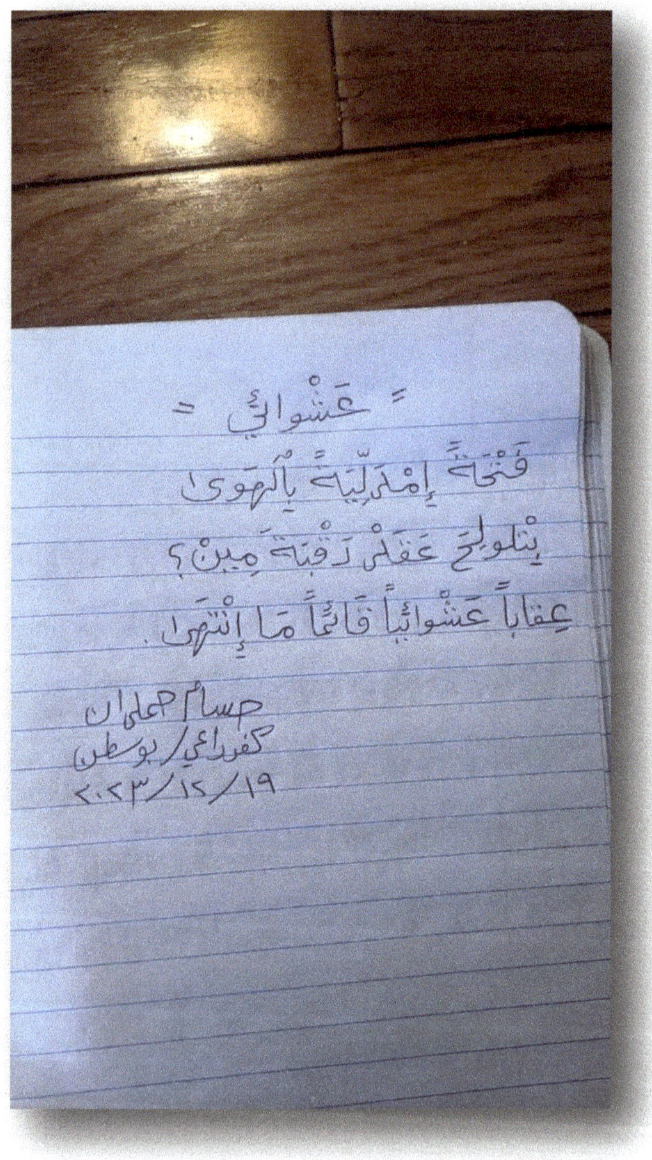

= عَشْوائي =

فَتَاةٌ إمْتَلَيَتْ بِالهَوى
بْتلولِح عَفَفى رَقبَتة مِين؟
عِقاباً عَشْوائياً قائِماً ما إنْتَهى.

حسام حملان
كفرياسي / بوطن
٢٠٢٣ / ١٢ / ١٩

"مُثَلَّثْ"   Δ نَصِرْ

حُروفَ لُغاتٍ بتْفاعِطْ قُدّامي

إِنْتَقيني خَلّيني بكِلْمَةٍ تُعَبِّرَ عَنْ قَراري

بِنِفْسي ثَلائةَ حُروفٍ عَطُولْ زَماني

نُوناً وَصاداً وَراءاً لُغْزاً بِآيَةٍ وَعْدَ كِياني

مِنْ صِفْرَ النُّونِ عَلى جَبْهَتي

إِتَّجَهْتُ برايَتي نُزولاً وَجَدْتُ الصّادَ عَصَفْحِتي

مَشَيْتُ بالوَعْرِ عَلى رُكْبَتي وَجَدْتُ الرّاءَ بِرَكْعَتي

بخُشوعِ السُّجودِ تَسَلَّقْتُ عَالياً إلى النُّونَ بِجَبْهَتي

بسَلامٍ لَفَتُّ يَميناً وَشمالاً بِمَثَلَّثِ النُّصْرَ مُقيمْ

حسام حمدان

كفرراعي/ بوسطن

٢٠٢٣/١٢/١٨

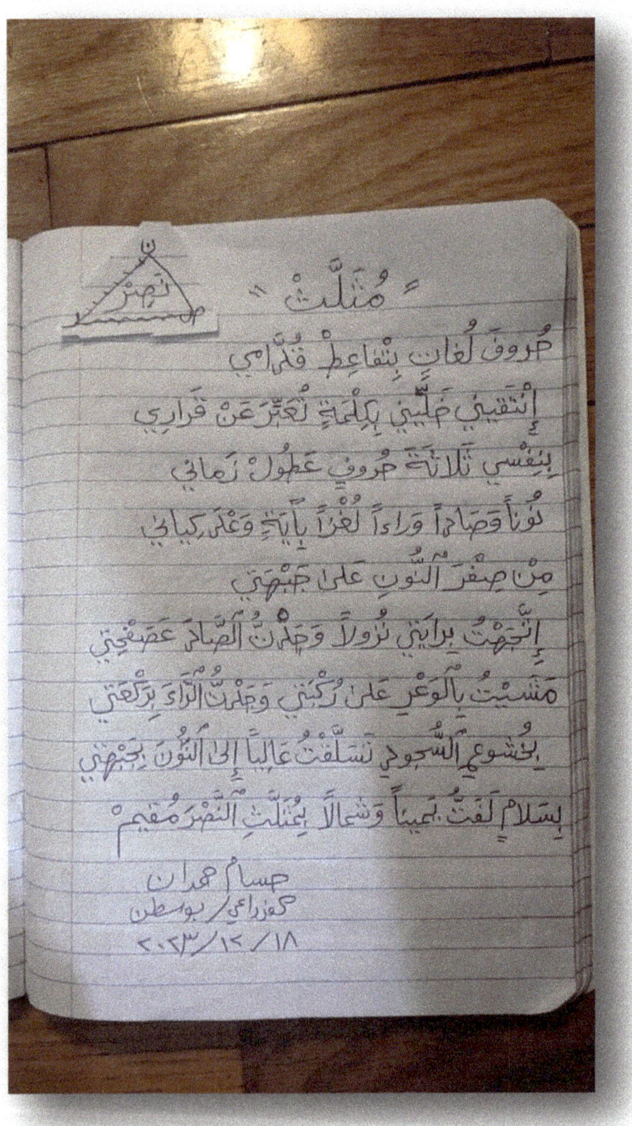

" مُثَلَّث "

حروفُ لُغاتٍ بتفاعُلٍ قلم أمي
انتقيني حمّليني بكلمةٍ لتُعبّر عن قراري
بنفسي ثلاثةُ حروفٍ عطولٌ زماني
نوراً وصياحاً وراءً لغزاً بآيةٍ وغنى كياني
من صفر النون على جبهتي
انجهتُ برايتي نزولاً وحملتُ الصّاد عصفيتي
مشيتُ بالوعر على ركبتي وحفرتُ الرّاء بركعتي
بخشوع السّجود تسلّفتُ عالياً إلى النّون بجبهتي
بسلامٍ لفّت بحمينا وشعالاً بعثلت النّضر مقيم

حسام حمدان
كوزرامي / بوسطن
٢٠٢٣ / ١٢ / ١٨

" عَنْزَةْ "

فَلَّتُوها عَنْزَةٍ سَعَتْ عَلى أَرْضِ كَنْعانْ

أَكَلَتْهُ وَرَقٍ مُسْتَعْمَرَاتاً عَلى صَفْحاتِ جِبالْ

عِيبالَ جَرْزِيمَ أَقْرَبَ مِثالْ

لَنْ تَهْدَأ نَاراً مَا دَامَ مَصِيرهُمْ بِأَغْلالْ

حسام حمدان

كفرراعي/بوسطن

٢٠٢٣/١٢/١٧

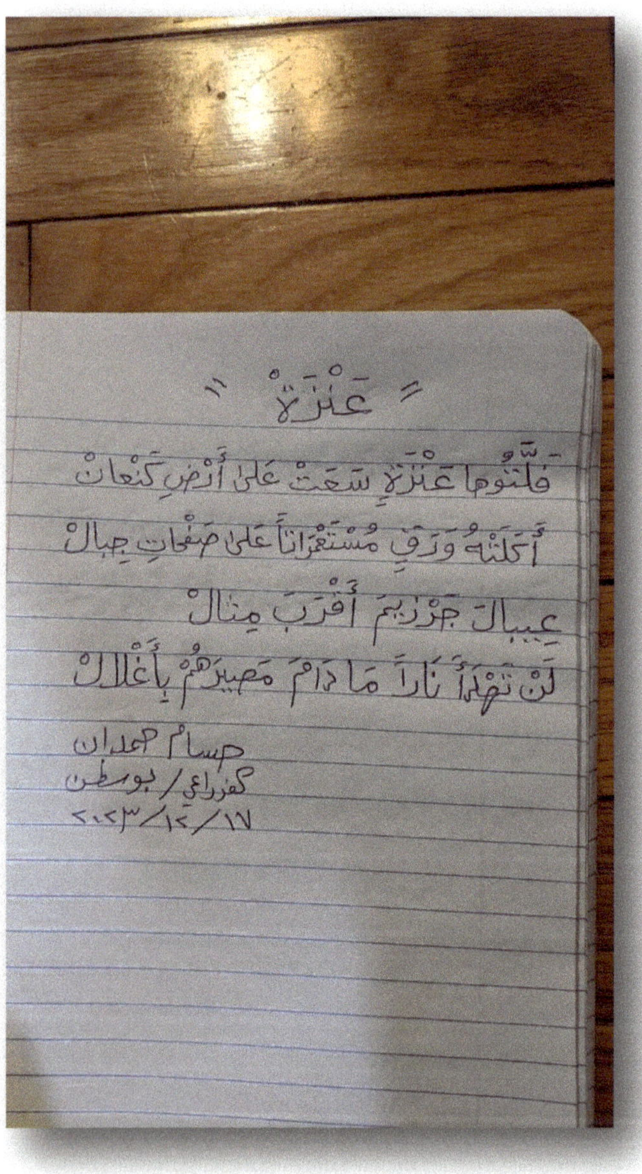

" عَنْزَةٌ "

فَلْتُوهِمْا عَنْزَةٌ سَعَتْ عَلى أَرْضِ كَنْعان
أَكَلَتْهُ وَرَقٍ مُسْتَعْمِراً عَلى صَفَحاتِ جِبال
عيبال جُزْريهِم أَقْرَب مِنال
لَن تُهْدِأَ ناراً ما دامَ مَصيرُهُم بِأَغْلال

حسام حمدان
كفرراعي / بوسطن
٢٠٢٣ / ١٢ / ١٧

" بَاطِني "

صَبَّةَ بطونْ أَنْ رَوَيْتَها مَاءاً تَشْبَع تَرْفَعْ

حِقْداً بَاطِني حَتَّى شَبَعَ البَطْنِ لاَ يَقْنَعْ

بَيْنَ الإِنْسانْ وَالبَطونْ جِدراً لاَ يَشْفَعْ.

حسام حمدان

كفرراعي /بوسطن

٢٠٢٣/١٢/١٦

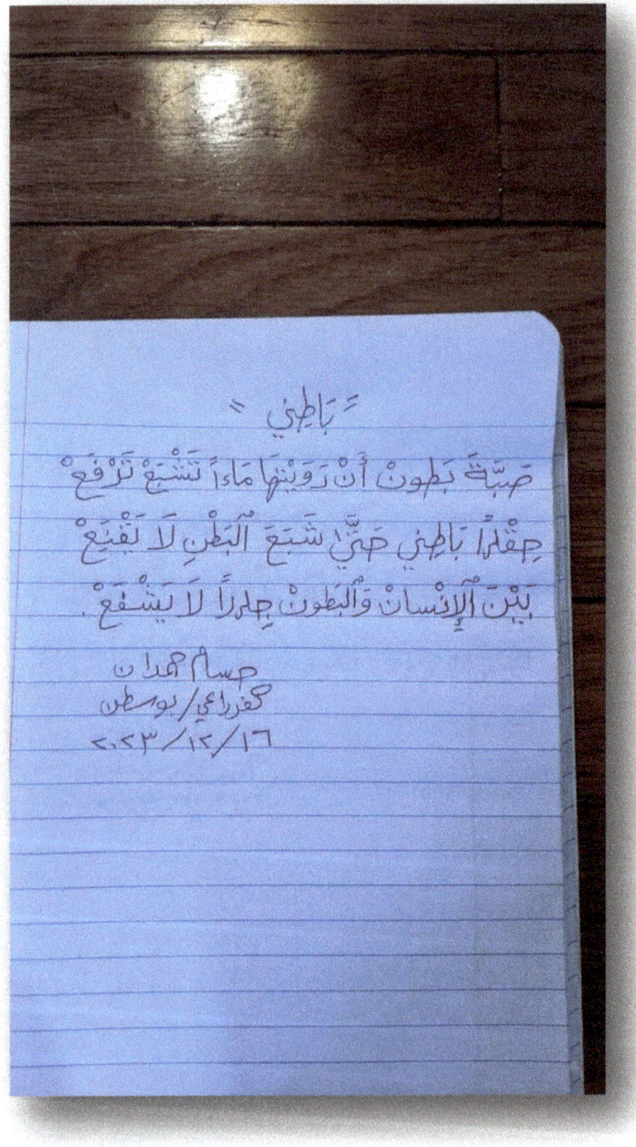

" باطني "

صبَّة بطون أنْ رويناها ماءً تَشبع ترفع

حقدًا باطني حتى شبع البطن لا يقنع

بين الإنسان والبطون جمرًا لا يشفع

حسام حمدان
كفرراعي / بوسطن
٢٠٢٣/١٢/١٦

"إِعْرِفْ"

تَقَدَّمَ بِنا العُمْرُ أَحْياءاً وَأَجْناساً

إِسْأَلْنا نَحْنُ إِنْ كُنْتَ تَعْتَبِرَنا نَاساً

مَهْمَا كَانَ الجَديدَ جَميلاً وَلِلْحياةَ عَوْناً

أَحْياناً لاَ يَعَوِّضَ عَنْ ذِكْرياتٍ حَنيناً لَقَديمٍ شَوْقاً

فَقَبْلَ مَا تَهِدُّ إِعْرِفَ مَا سَتَهِدُّ

كَابوسُ نَدَمٍ قَدْ يَحيقُ وَيَمْتَدُّ عَلى مَنْ لاَ يَرْتَدُّ

حسام حمدان

كفرراعي/ بوسطن

٢٠٢٣/١٢/١٦

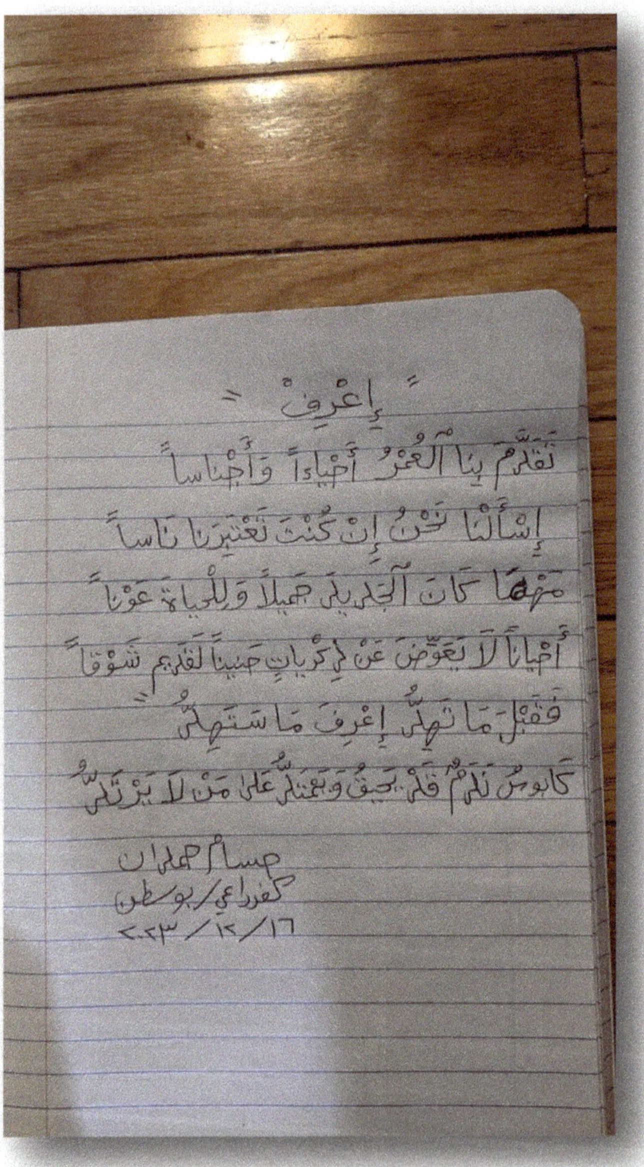
" أعرف "
تقدّم بنا العمر أحياءً وأجناساً
إسألنا نحن إن كنت تغيّرنا ناساً
منهما كان الجديد جميلاً وللحياة عوناً
أحياناً لا يعوّض عن ذكريات حنيناً لقديم شوقاً
فقبل ما تهنّى إعرف ما استهنّى
كابوس نلمّ فلن يبقى ويغنّي على من لا يرتكي
حسام حمدان
كفرداعي / بوسطن
٢٠٢٣ / ١٢ / ١٦

" عَفيفاً "

عَلى وَفَوْقَ الأَرْضِ لَيْسوا لَهُ أماناً

أَخَذَ مِنْ تَحْتَ الأَرْضِ مَكاناً

عُيونَ الدُّنيا عَلَيْهِ سِرّاً وَعَلانِياً

مُقاوِماً لِلْحُرِّيَةِ والإِسْتِقْلال صامِداً أَبِيّاً

فَقَبْلَ مَا تَنْخَرِطَ باللُّوْمِ أَحْسِبْ حِساباً

أَنْتَ حُرّاً طَليقاً وَهُوَ تَحْتَ الأَرْضِ مُكَرّساً عَفيفاً

حسام حمدان

كفرراعي /بوسطن

٢٠٢٣/١٢/١٥

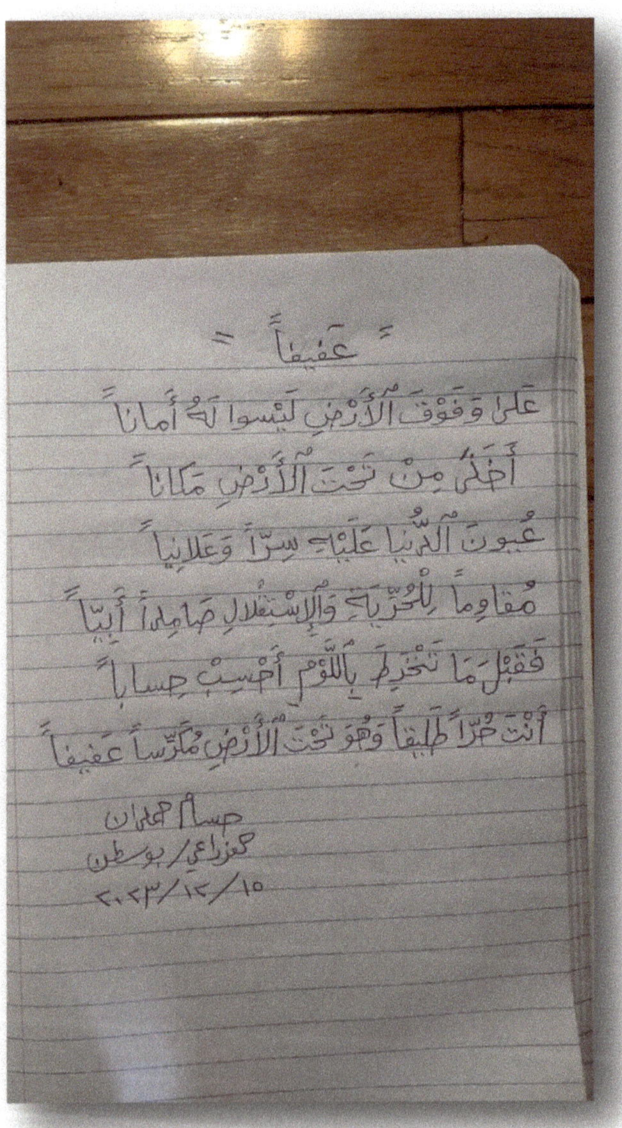

عَفِيفاً

عَلى وَفَوْقَ الأَرْضِ لَيْسوا لَهُ أَمانا
أَخْفى مِن تَحْتَ الأَرْضِ مَكانا
عُيونُ الدُّنيا عَلَيْهِ سِرّاً وَعَلانِيا
مُقاوِماً لِلْحُرِّيَّةِ وَالاسْتِقْلالِ صامِداً أَبِيّا
فَقَبِّلْ ما تَحَرَّكَ بِاللَّوْمِ أَحْسِبُ حِسابا
أَنْتَ حُرّاً طَليقاً وَهُوَ تَحْتَ الأَرْضِ مُتَرّساً عَفيفا

حسام حجازي
كعزرائي / بوطن
٢٠٢٣/١٢/١٥

" وَلَكْ تَعالْ "

أَصيرَ صَبْرَكَ الجَميلْ

ضَوّاً يَتراقَصَ مِنْ فَتيلَةِ قَنْديلْ

طَيْفَكَ هَواءاً نَسيماً يَتعالى وَيَتّواطى الضَّوْءَ يَميلْ

كَرَسّامْ جُرافيتي رَسَمَ الأَمَلِ عَجُدرانَ الزِّقاقِ دَليل

طَاقِقاً وَمِشْحَبراً بِضَوِّ الصَّبْرِ هَديلْ

وَلَكْ تَعالَ قَبْلَ مَا زُجاجَ القَنْديلِ يَهيلْ

حسام حمدان

كفرراعي/ بوسطن

٢٠٢٣/١٢/١٤

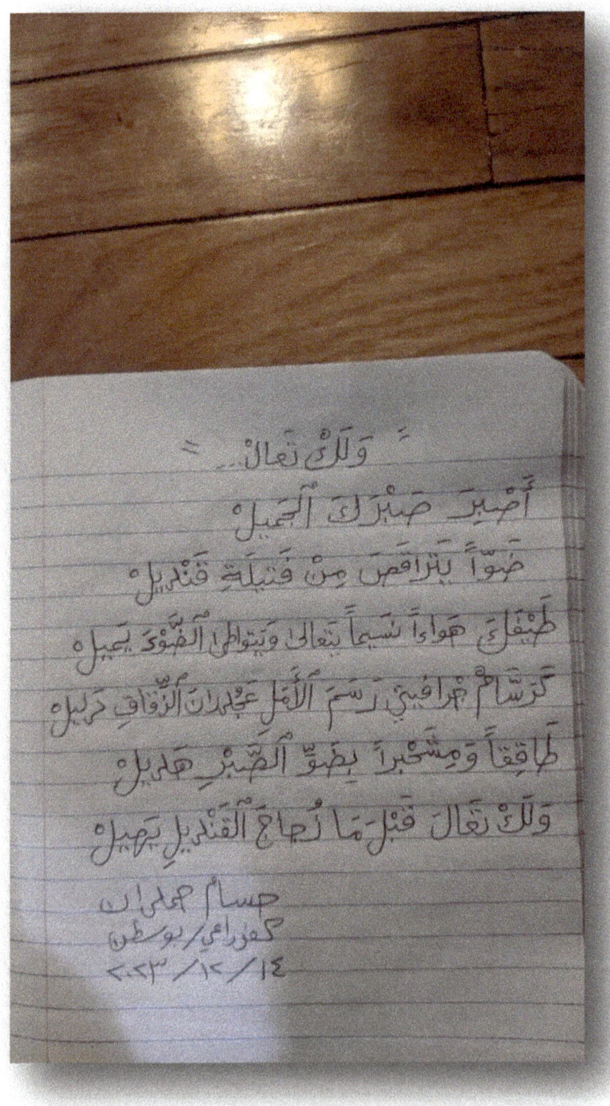

= وَلَكِنْ تَعَالَ...

أُصَيِّرُ صَبْرَكَ الجَمِيلَ

ضَوْءاً يَتَرَاقَصُ مِنْ فَتِيلَةِ قَنْدِيلَ

طِفْلَكَ هَوَاءً نَسِيماً يَتَعَالَى وَيَتَوَاطَى الهَوَى يَحِيلَ

كَرَسّامٍ جُغْرَافِيٍّ رَسَمَ الأَمَلَ عُجْدِران الزُّوّاق دَلِيلَ

طَاقِفاً وَمِشْخَبْراً يَطِمُّ الصَبْرَ هَدِيلَ

وَلَكِنْ تَعَالَ قَبْلَ مَا نُجَاج القَنْدِيل يَهِيلَ

حسام حمدي اس
كفراوي / بوسطن
٢٠٢٣/١٢/١٤

" مِسْتَكْثِرْ "

يلْعِنْ مَرْكَعَكْ !

مِسْتَكْثِراً عَلينا وجودَنا عَلى أَرْضِنا بِهَويِّتِنا وكَرامِتْنا

يلْعَنْ مَرْكَعُهْ يلْعَنْ مَنْبَعُهْ

سكْروا عَليهِ الحنَفِيَّةْ قَبِلْ مَا اتْفيضِ المِيايَهْ

حسام حمدان

كفرراعي/ بوسطن

٢٠٢٣/١٢/١١

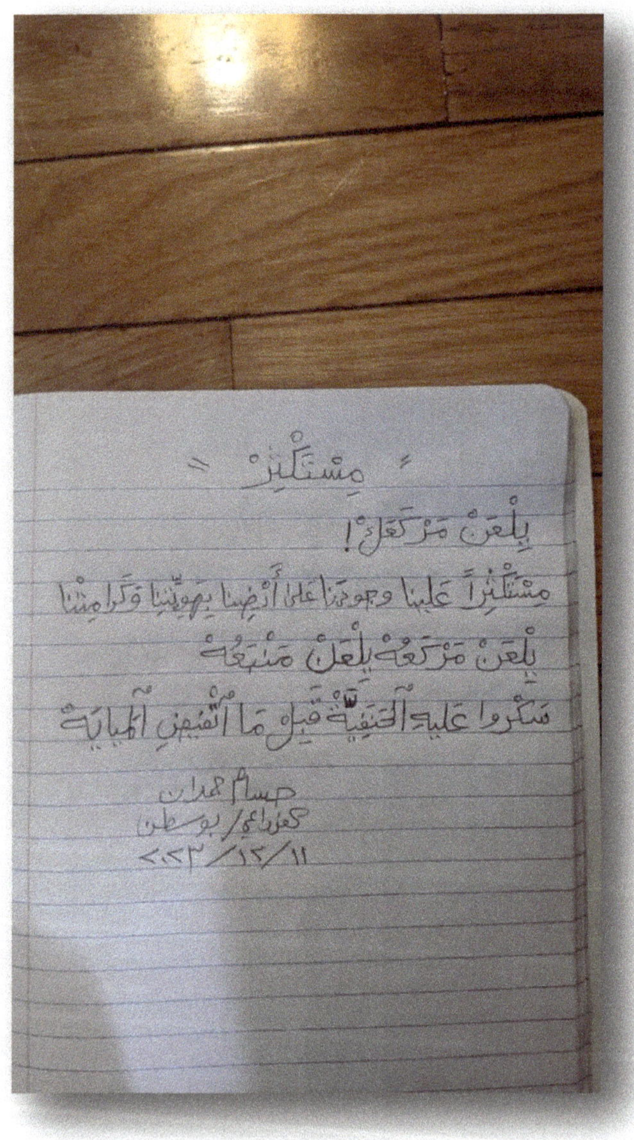

مُتَشَكِّرِينْ =

يِلْعَنْ مَرْكَعَلْ !

مُتَشَكِّراً عَلَيْنَا وجودنا على أرضنا يهوننا وكرامتنا

يلعن مركعه يلعن منبعه

شكروا عليه التصفية قبل ما تفيض المياة

حسام حمدان
كهرباء / بوطن
١١ / ١٢ / ٢٠٢٣

" بَشَرْ بَشَرْ "

أَبْصَرْ شُو كَانْ شَارِبٍ فِيها لَيْلَةٍ قَمْرَهْ

شخٌّ عَلى جِذْعِها قَتَلَها كَرَزَةٍ حَمْرَهْ

مَشْرومٌ مَا يَخْرُجُ مِنْ خُرْقُكَ يَفْسِد أَوْ يُعَمِّرُ حَياةْ

حسام حمدان

كفرراعي /بوسطن

٢٠٢٣/١٢/١٠

= بَشَرْ تَبْشَرْ =

أَبْصِرْ شُو كَانَ شَارِب فِيهَا لَيْلَة خَمْرَه
نَسْخ عَلَى جِنْعِهَا قَتْلَهَا كَرَرَه خَمْرَه
مَشْرُوم مَا يَخْرُج مِن خُرْقَه يِفْسِد أَو يُعَفِّن حَيَاه.

حسام حجيان
كعزرائي بوطن
٢٠٢٣/١٢/١٠

" قُدْوَةْ "

طَارِقٍ طَرَقَ بالسَّما ضَوِّه خَارِقْ

مَطَرٍ رَوَاى حَرْثٍ بِأَتْلامٍ فَوارِقْ

رَسولٍ بِمَقَصٍ وَمِشْطٍ فَرَقَ الشَّعْرِ عَلى الكَتِفَيْنِ خَافِقْ

بِحُسْنِ زَرْعُ الأَرْضِ يَنْمو سُبْحانَهُ خَالِقْ

حسام حمدان

كفرراعي / بوسطن

٢٠٢٣/١٢/٩

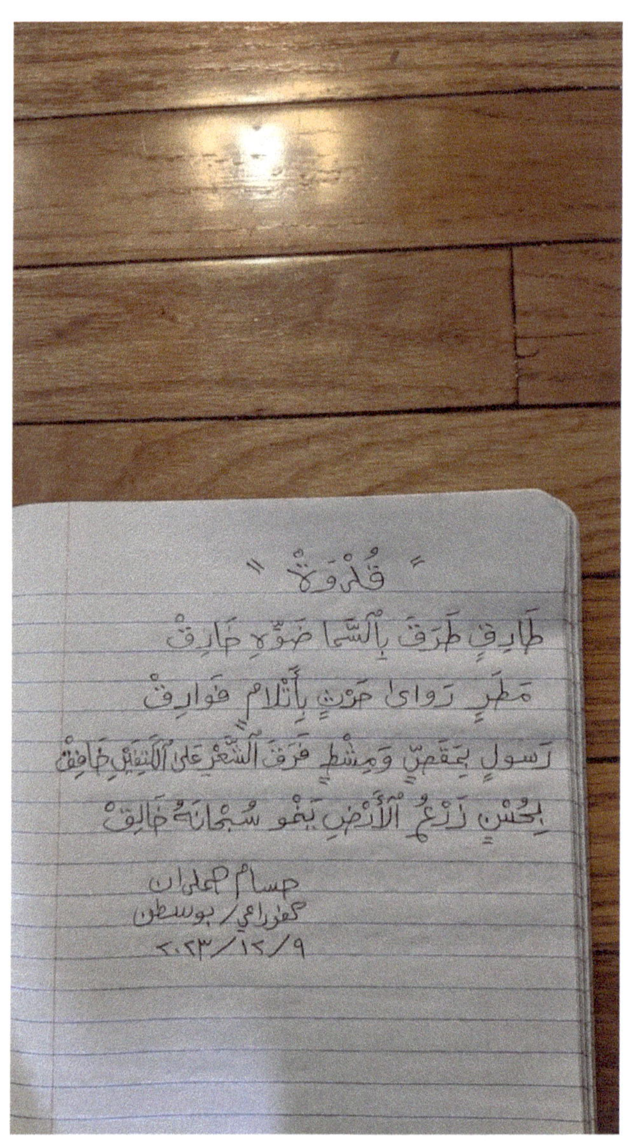

" قُنْفُذٌ "

طارِقٌ طَرَقَ بِالسَّماء ضَوءٌ طَارِقٌ

مَطَرٌ رَوى حُزنٌ بِأَنغامٍ قَوارِقٌ

رَسولٌ يَتَقَمّصٌ وَمُشطٌ فَرَقَ الشَّعرَ على الكَتفَينِ خافِقٌ

بِحُسنٍ نَزعمُ الأرضَ يَبغو سُبحانَهُ خَالِقٌ

حسام عُليان
كهرباء / بوسطن
٢٠٢٣ / ١٢ / ٩

" شَيْطانْ "

طَقْ شِرْشِ الحَيَ

هَدْ ما بَنَى

وَقِحْ تَمَّرْدْ جَنى

لِسانْ تَلَعْثُمْ عَمَى

زَنْجَبِيلْ بالكَأْسِ غَلَى

برائِحَةِ الجنَّةْ حَسَى

مَا تَابَ شَيْطاناً بِحَياءٍ فَلى

حسام حمدان

كفرراعي/ بوسطن

٢٠٢٣/١٢/٦

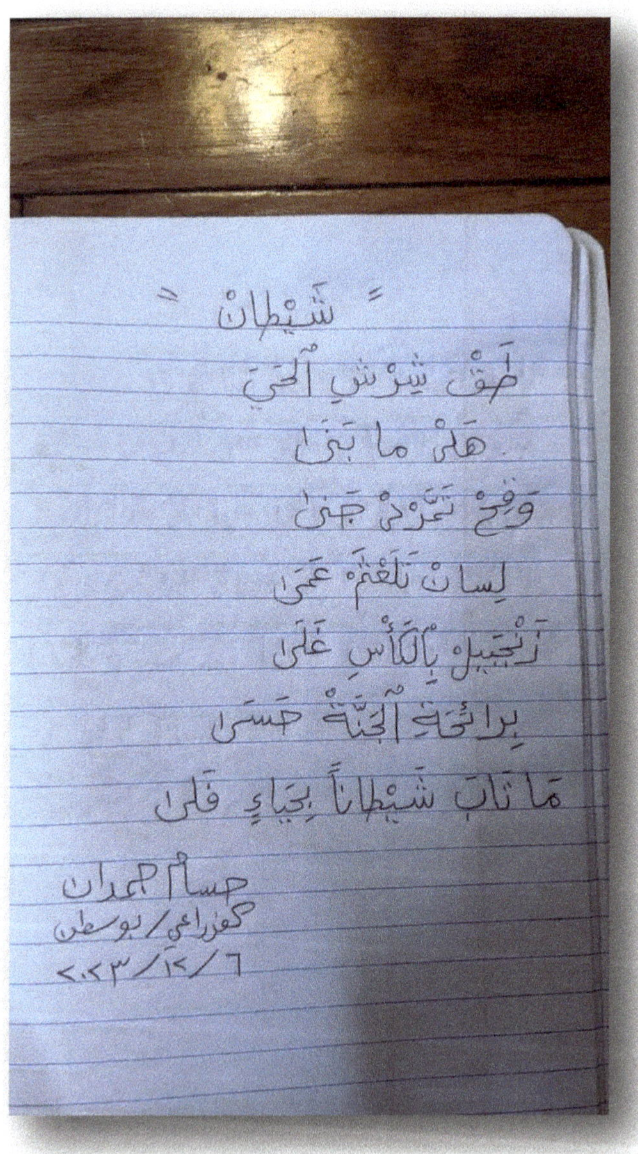

= شيطان =

أحقّ شِرْشِ الحيّ
هنّ ما بِنّا
وفِحْ تَحِزُني جِنّى
لِسان تَلغَمُ عمّى
تَرتَحِبُل بالكأسِ عَلى
بِراتِحانِ الجنّةِ حَسَنى
ما ناب شيطاناً بِحَياي قِلى

حسام الحمدان
كفرراعي / بوسطن
6 / 12 / 2023

" قَدِّيشْ "

بَعْدَ النِّقاشِ غَادَورا الفِراشِ

بالزَّاوِيَةِ دَاقِّينْ رُؤُوسَهُمْ يبَعَضْ يتْناوَشوا عَليشِ

قُلْتِلَّكْ وَقُلْتِلِّي مَا سَمِعْناهُ بَعْديش بَدْرِيشِ

بالزُّمُرِّدِ يِلِكْرِيْبتوا ثَمَنْهُ قَدِّيشِ؟

حسام حمدان

كفرراعي/ بوسطن

٢٠٢٣/١٢/٦

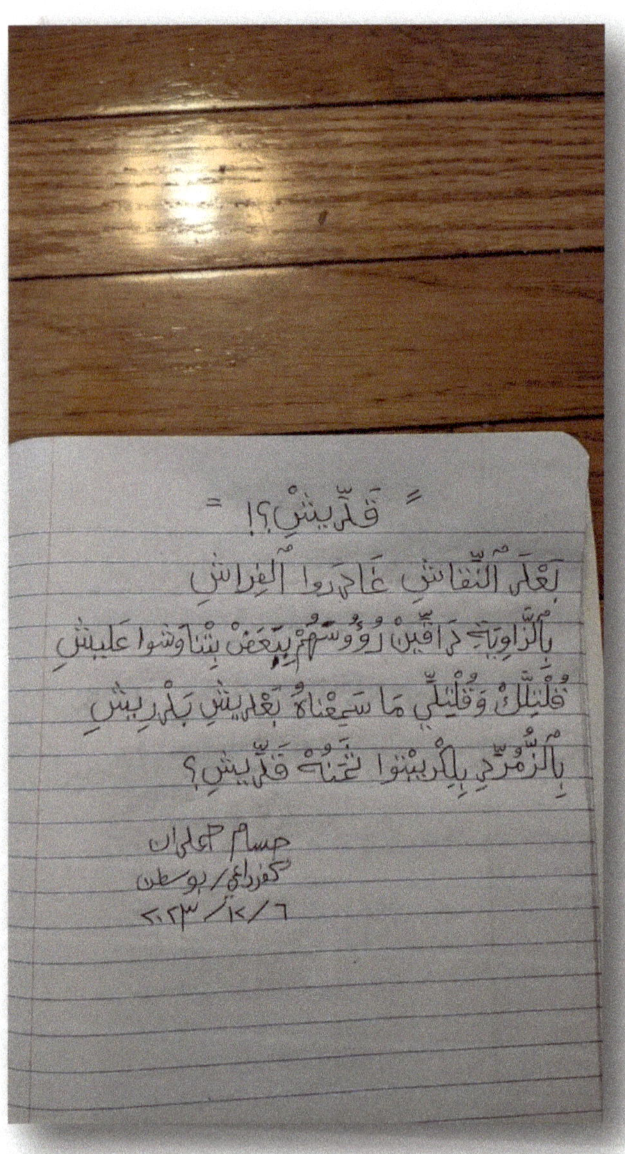

= قُرَّيِش ؟! =

بَعْدِ النَّقَّاش غَادَرُوا الفِرَاش
بِالزَّاوِيَة رَافِعِين رُؤُوسَهُم بِبَعَض بِتْناوَشُوا عَلِيش
قُلِيلَك وقُلِيلِي مَا سِمِعْنَاه بَغْدِيش بَذِّرِيش
بِالزُّمَرُّد بِالكَرِيشُوا تَنْبُه قُرَّيِش؟

حسام عجلان
كفرداعي / بوسطن
٢٠٢٣ / ١٢ / ٦

" إِبادَةْ "

لاَ حَداً بقولْ وَينْ إِنْتي

لاَخَيْ وَبَيْ لاَ صَديقْ وَظَيْ ch حِلْتي

بحَرْبِ الإِبادَةِ المَرايا شَظايا بظَهْرِي وَرَقبتي

حسام حمدان

كفرراعي/ بوسطن

٢٠٢٣/١٢/٥

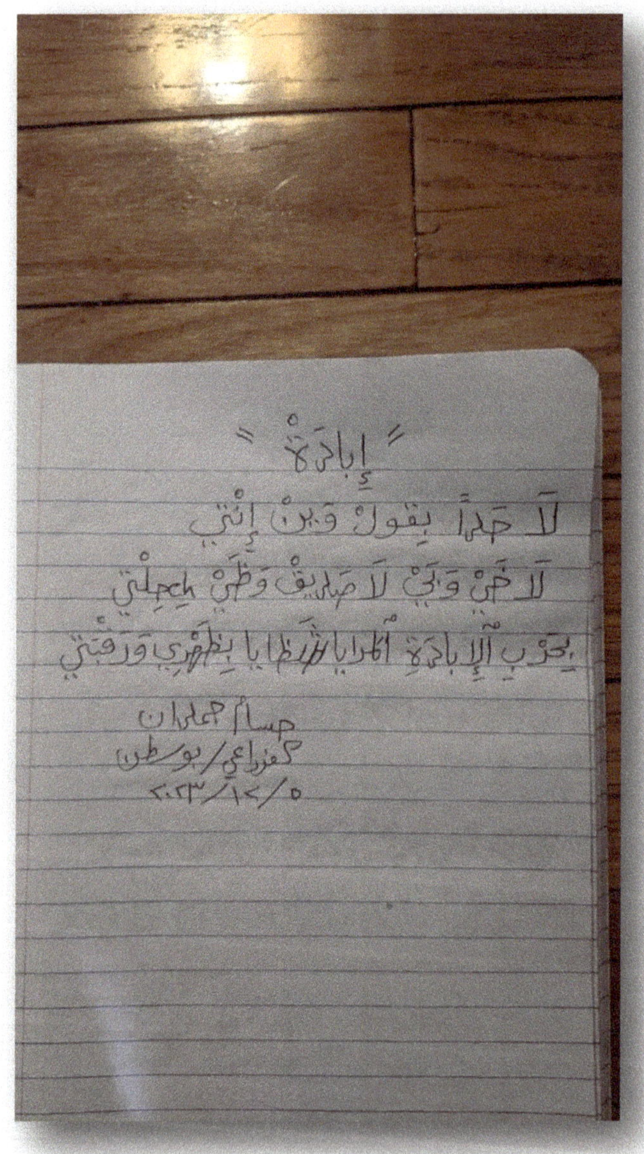

" إباديّة "

لا أحداً يقول وين إنتي

لا خِنّ ولّي لا صديق وطن جملتي

يحزن الإبادية المرايا يا بظهري ورفقتي

حسام حمدان
كفرزراعي / بوطن
٢٠٢٣ / ١٢ / ٥

" سَكينَةْ "

أَعْشاشِ طُيورْ بَيْنَ أَوْراقِ نُجومْ

بِالسَّما نَجْماً ضَوَّهُ مَساكُمْء نُورْ

سَكينَةَ النَّوْمِ سَلاماً بِوِصالِ نُجومْ

حسام حمدان

كفرراعي بوسطن

٢٠٢٣/١٢/٢٥

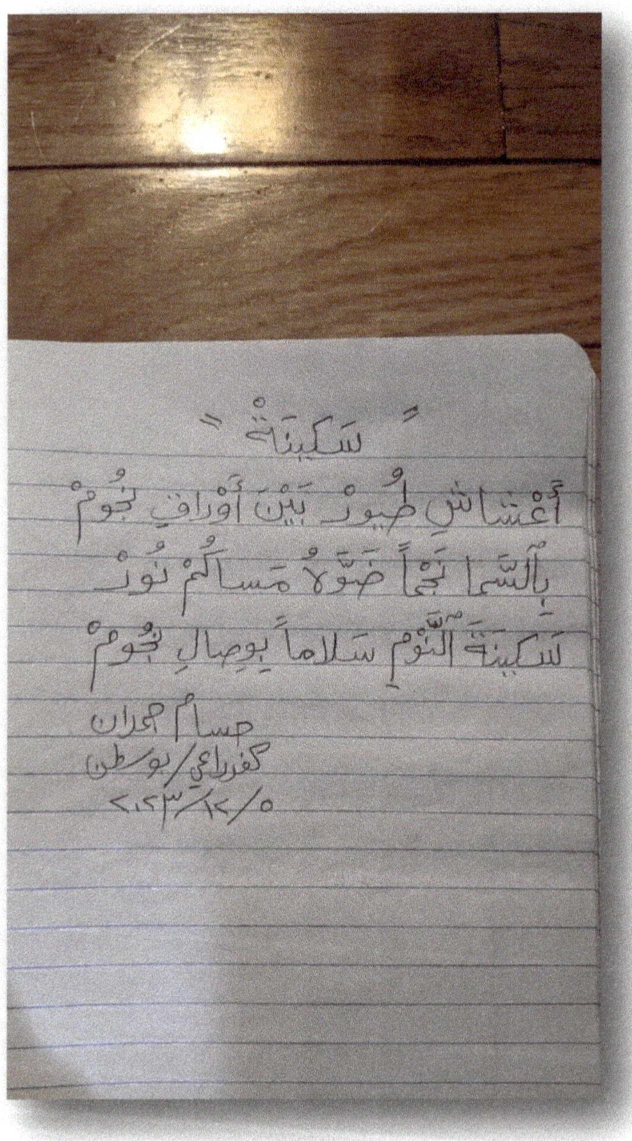

" سَكِينَة "

أَعْشَاشِ طُيورٌ بَيْنَ أَوْراقِ نُجوم
بِالسَّما نَجْماً ضَوّءُ مَساكُمْ نُور
لَسَكِينَةِ النَّوْمِ سَلاماً يوصالِ نُجوم

حسام حوران
كفرياعى / يوطن
٢٠١٣/١٢/٥

" مِلْقَطْ "

يَا نَاشِرِ الْغَسِيلْ عَلى الْحَبَلْ بدونِ مَلاقِطْ

غَسِيلَكْ يَا بِتْلَوْلَوْ وَبِتْوَلْوَلْ وَيَا طَايِرْ عَلى الأَرْضِ

سَاقِطْ مِلْقَطْ لِسَاقِطْ شَلْعَةِ ذَانْ عَلى أَرْضِ غَيْرِهِ خَابطْ

حسام حمدان

كفرراعي / بوسطن

٢٠٢٣/١٢/٣

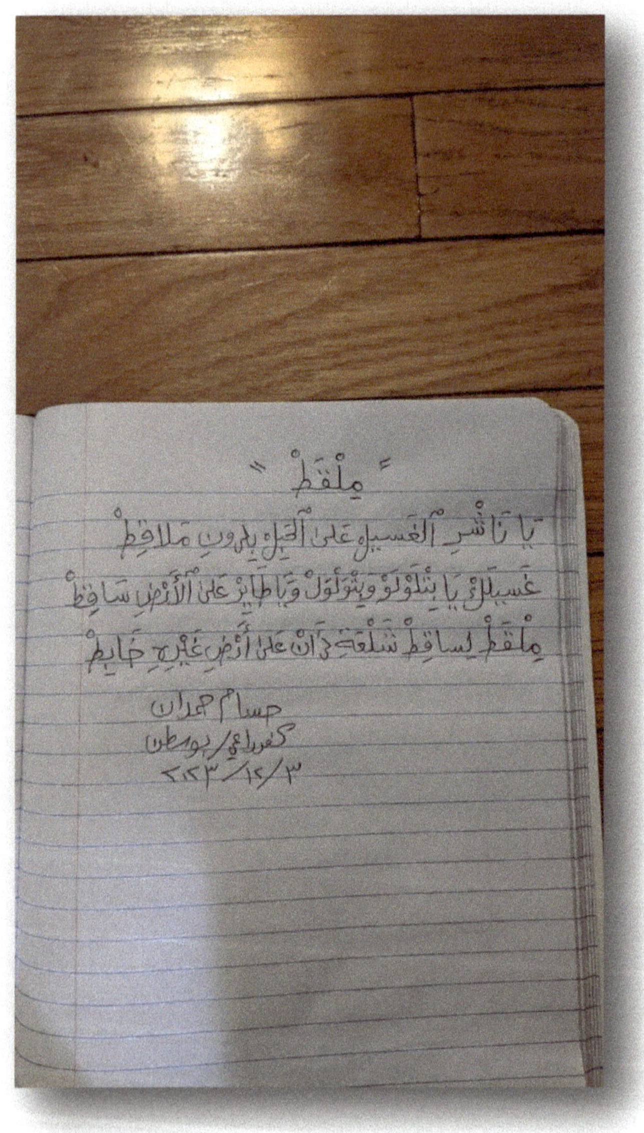
« مِلْقَط »
يا ناشِرِ الغَسيلَ على الحَبْلِ بِدونِ مَلاقِط
غَسيلَكَ يا بَنْدُلو ويَتْهَلْوَل وبا طايرْ على الأَرْضِ ساقِط
مِلْقَطْ يُساقِط شَلَعْتَ ـ جـ آنْ على أَرْضٍ غَيْرِهِ خايِط

حسام حمدان
كفرباطنة / بوطن
٢٠٢٣ / ١٢ / ٣

" رَقْصْ "

طُوطْ طُوطْ بالرَّقْصِ قَدْ تَقَعْ تُوتْ تُوتْ

بحُضْنِ الحُبْ مِنَ الحُبِّ قَدْ تَموتْ

حسام حمدان

كفرراعي /بوسطن

٢٠٢٣/١٢/٣

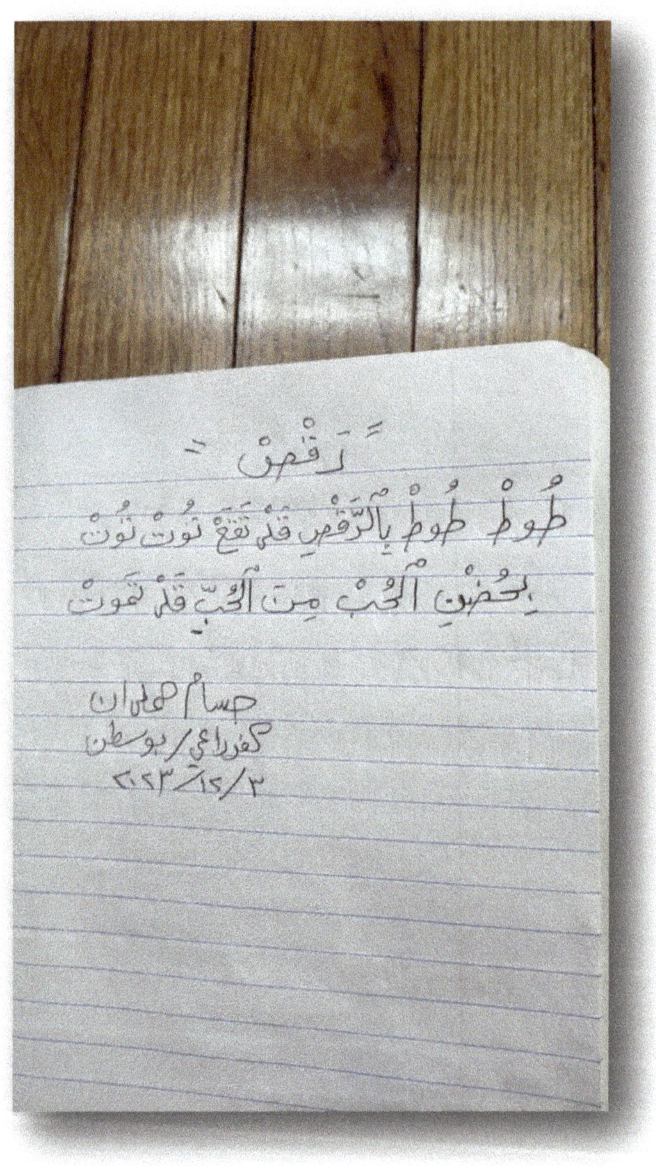
" رقصْن "

طوطْ طوطْ بالرَّقصِ قلي تقعْ نوتْ نوتْ
يحضُنِ الحُبْ منِ الحُبْ قلي تموتْ

حسام هملان
كفرراعي / يوسطن
٢٠٢٣/١٥/٣

" تُوتْ "

تُوتْ رَطِبْ طَعْمَهُ عَلى حُموضَهْ

مَضْغَهُ سَيْلاً لَذيذاً وَبالفَمِّ نَعْشَةً عَريضَهْ

لَوْنَهُ بجاوْنِ (يفُسْتانِ) رَأْسَ السَّنَةِ مُوضَهْ

حَمَاراً عَلى سَمَاراً سَمَراً بالسَّحابِ رَقْصاً بحُوطَهْ

حسام حمدان

كفرراعي/ بوسطن

٢٠٢٣/١٢/٢

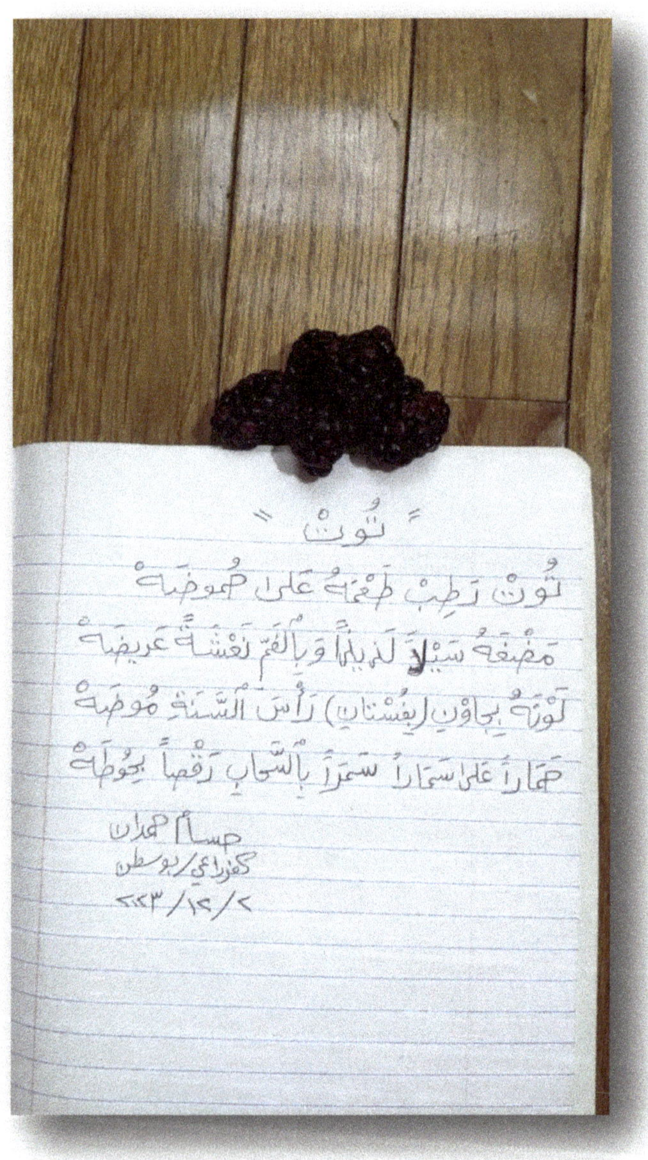

" وَطَنِيَّةْ "

لاَ أَعْرِفَكْ وَلاَ أَعْرِفْ مَا عِنْدَكْ

رَأيتَكْ حَسِّيت بظِلَّكْ

لاَبُدَّ طَيِّباً وَالْخَيْرُ شَأْنَكْ

ظَرْبَتْني شَمْسِ المَنايا قَريباً مِنَّكْ

بظِلِّ الوَطَنِيَّةَ وَطَناً هَدَفي وَهَدَفَكْ

حُرّاً مُسْتَقِلاً مَرادِ ظِلاًّ يَضُمَّني وَيَضُمَّكْ

حسام حمدان

كفرراعي/ بوسطن

٢٠٢٣/١٢/٢

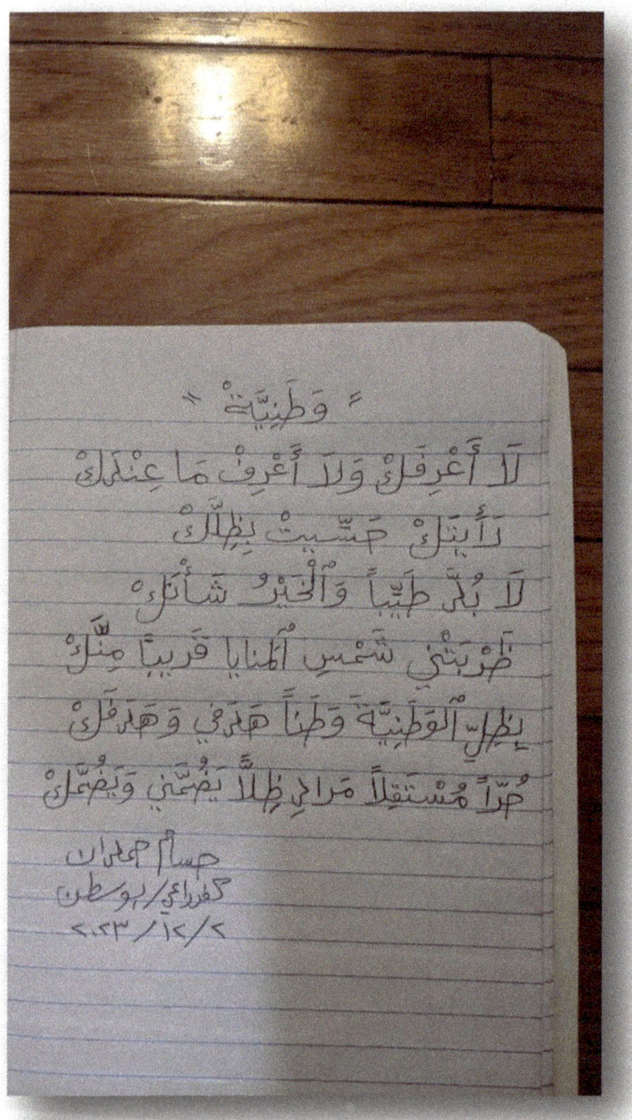

« وَطَنِيَّة »

لَا أَعْرِفُكِ وَلَا أَعْرِفُ مَا عِنْدَكِ
رَأَيْتُكِ مَشَيْتُ بِظِلِّكِ
لَا بُدَّ طَيِّبًا وَالْخَيْرُ شَأْنُكِ
أَطْرَبَتْنِي شَمْسُ الْمَنَايَا قَرِيبًا مِنْكِ
نَظَرَاتُ الْوَطَنِيَّة وَطَنًا هَدْيِي وَهَدَفُكِ
حُرًّا مُسْتَقِلًّا مَرَامِي ظِلًّا يُمْنِي وَيُمْعِنُكِ

حسام حمدان
كفراعي / يوسطن
٢٠٢٣ / ١٢ / ٢

" مَعْبَرْ "

حَتَّى الطُّيورْ أَدْرَكَتْ طِيبَتْهُمْ وَبَرائَتْهُمْ أَطْفالْ

هَدَّتْ عِنْدَهمْ تَشارِكْهُمْ صَحْنَهُمْ عَلى الأَطْلالْ

أَنْظُرَ بعيونِهِمْ وَعَلى وجوهِهِمْ لَحْنَ مَوَّالْ

عِينونا وَأَنْقِذونا مِنْ رُكامَ الحَرْبِ وَأَوْهامَ الخَيالْ

لِلَّهِ دُرَّهُمْ يَأْخُذْنا ظِلُّهُمْ هِضابٌ وَتِلالْ

بِالفَجْرِ صَرْخَةً تَعْلو إفْتَحو المَعْبَرْ أَوْلادَ الحَلالْ

حسام حمدان

كفرراعي/ بوسطن

٢٠٢٣/١٢/١

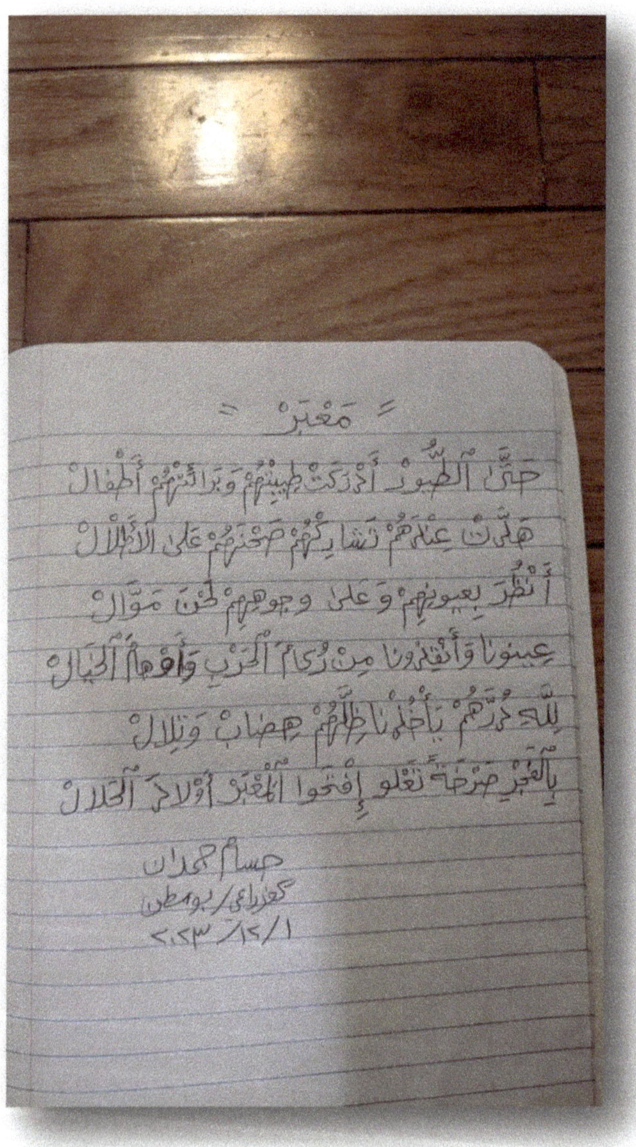

== مُغْتَرِب ==

حتَّى الطُّيورُ أَدْرَكَتْ طِينَهُمْ وَبَرَاءَتَهُمْ أَطْفَال
هَفَتْ عَنْهُمْ تُشَارِكُهُمْ صَخْرَهُمْ عَلَى الأَطْلَال
أَنْظُرُ بِعُيُونِهِمْ وَعَلَى وُجُوهِهِمْ لَحْنَ مَوَّال
عَيْنُوا وَأَنْقَذُونا مِنْ رُكَامِ الكَرْبِ وَأَوْهَامِ الخَيَال
لِلَّهِ خَيْرُهُمْ يَأْظِمُ نَاظِمُهُمْ هِضَابٌ وَتِلَال
بِالفَجْرِ صَرْخَةً تَعْلُو إِفْتَحُوا المُغْتَرَبُ أَوْلادَ الحَلال

حسام حمدان
كفر راعي / يوطن
٢٠٢٣/١٢/١

" الشَّعْبُ أَدْرَى "

إذَا لَمْ يَتَّضِحُ لَكَ بِسِنينِ القُرونْ

طَوَّلْ قَرْنَكَ وَناطِحُ الفُحولْ

لاَ شَعِباً بِحاجَةِ لَقُوَّةَ رَدْعٍ كَشَعْبَ فَلَسْطين

حِمايَةٌ مِنْ حَرْبُ إِبادَةٍ وَتَدْمير بِأَيِّ حِينْ

الشَّعْبُ يُقَرِّرُ سَواءٌ حُرُّ أَوْ مَسْجونْ

حسام حمدان

كفرراعي/ بوسطن

٢٠٢٣/١١/٢٩

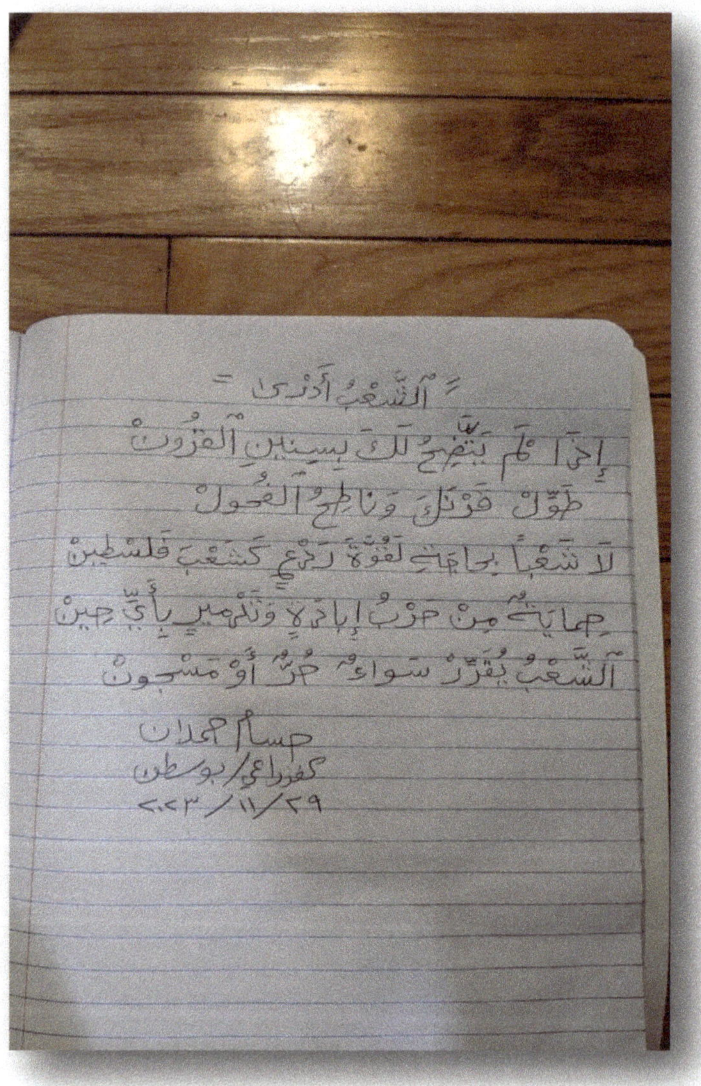

= الشَّعبُ أَدْرى =

إحنا كم ينضح لك بسنين القرون
طوّل فزّتك وناطح الفحول
لا شعباً بحاجة لقوة ترفع كشعب فلسطين
حمايته من حزب إبادة وتهميش بأي جين
الشعب يقرّر سواء حرّ أو مسجون

حسام حمدان
كفرداعي / بوسطن
٢٠٢٣ / ١١ / ٢٩

" مَنَطَّهْ "

حَوَّلِ الشُّقَقْ عَلَيْها مَنَطَّهْ

العَيْشُ فِيها عَسَلْ وَشَطَّهْ

مِينْ بِدافِشِ أَمامَ الخُزُقْ بِجُرْمِ النَّحِلْ؟!

غَازِياً بِغازٍ يَهِفُّ بِدَفِّ الغَازَ لَمَحَطَّهْ

حسام حمدان

كفرراعي/ بوسطن

٢٠٢٣/١١/٢٧

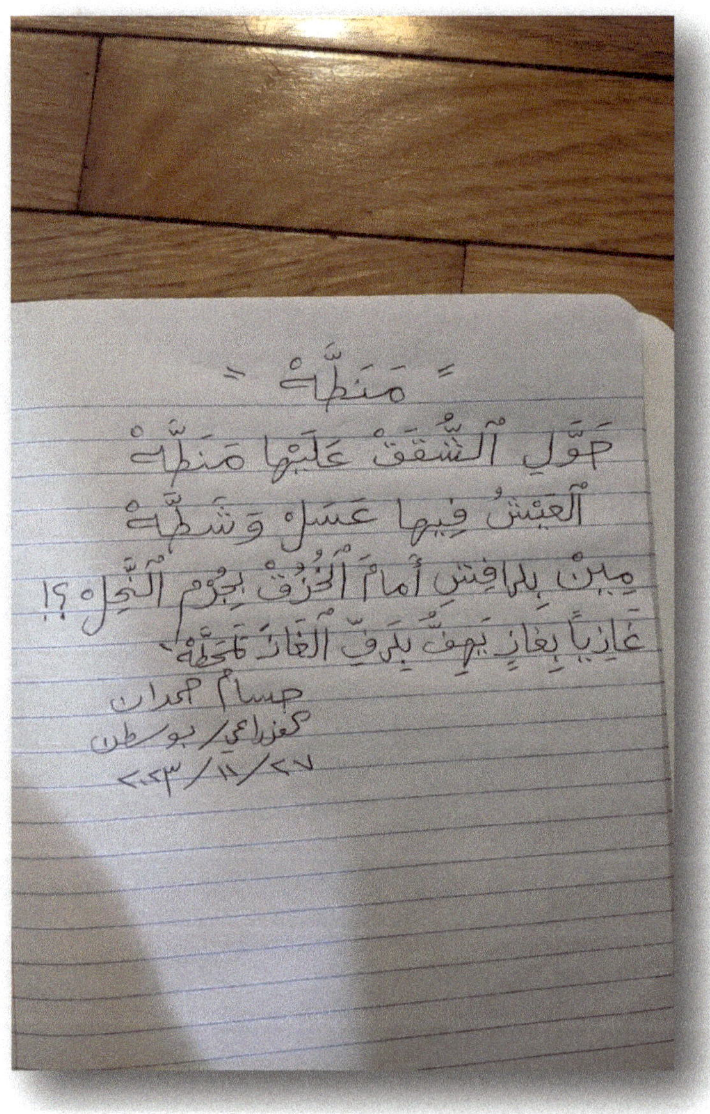

مَنْظَر
حَوْلِ الشَّقَق عَلَيْها مَنْظَر
العَيْش فيها عَسَل وَشَطَّه
مِين بلرافش أمام الحَرف يَجْزم النَحْل !؟
غازيًا بغاز يهف بلرق الغاز تحطّه
حسام حمدان
كعذراجي / بوطن
٢٠٢٣ / ١١ / ٢٧

" بَحْتِهْ "

عَلَى ناراً مَلْعَقَةً تُحَرِّكَ وَتَّدورَ بِشَغْفِهْ

طَلَّةَ حَبيبٍ عَلَىَ بَغْتِهْ طَعْمَها بَحْتِهْ

بِاالطَّبْخِ لاَ تَدري مَا بِثَنايا هَواهُ المَطْبَخِ

لَعَلَّهُ سلامَةً بَحْتِيَّةً مِنْ سِبْرِنا طَابخِ

حسام حمدان

كفرراعي/ بوسطن

٢٠٢٣/١١/٢٦

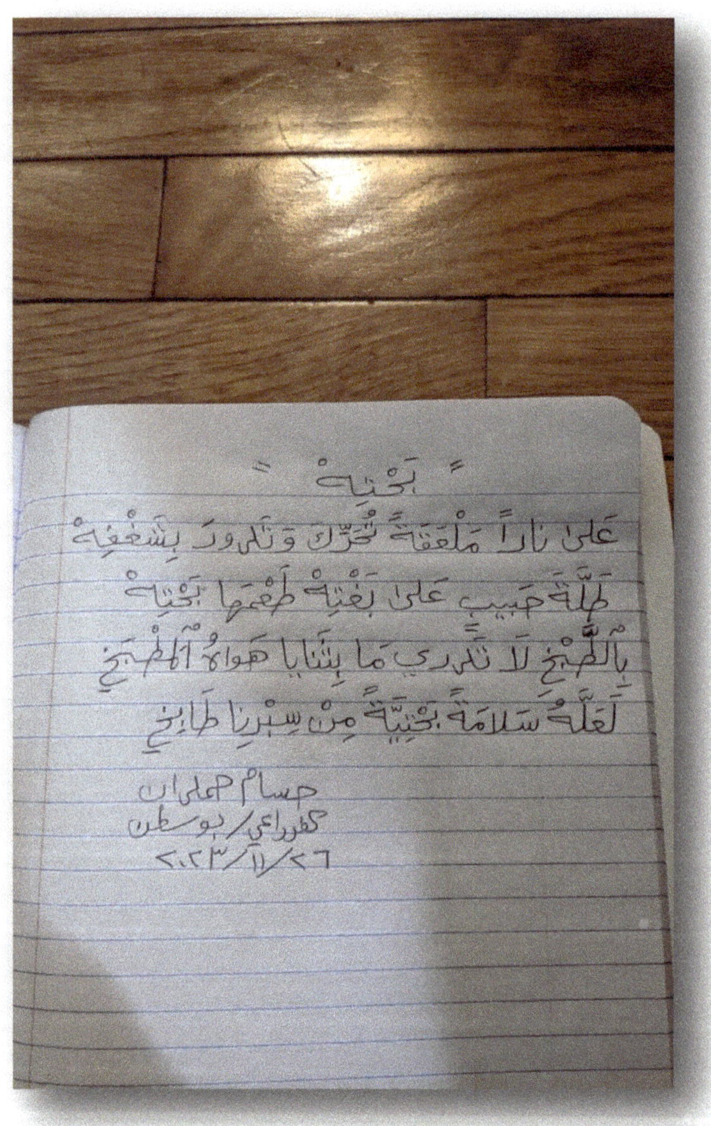

تَحِيَّه

عَلى زاراً مُلاعِقَه تُحَرِّك وَتَكرُوك بِشَغَفِه
طَلَّة حَبِيب عَلى بَعُنَه طَعَمَها بَحَنِّه
بالمَحِبَّج لا تَدرِي ما بِثَنايا هَواه المَحِبَّج
لَعَلَّه سَلامَه بَحِيِّه مِن سِيرَنا طَوابِج

حسام حمدان
كهربائي / بوسطن
٢٠٢٣/١١/٢٦

" بْلَوكْ "

جَاسوسَةْ تُرُكْمانْ خَلُّودَهْ

بَعْثَتْ مَسِجْ طَلْبَتْ صَداقَهْ

حَلَقْتِلْها عَالصِّفِرْ بِنْتِ الخَوَّاضَهْ خَوَّاضَهْ

حسام حمدان

كفرراعي /بوسطن

٢٠٢٣/١١/٢٦

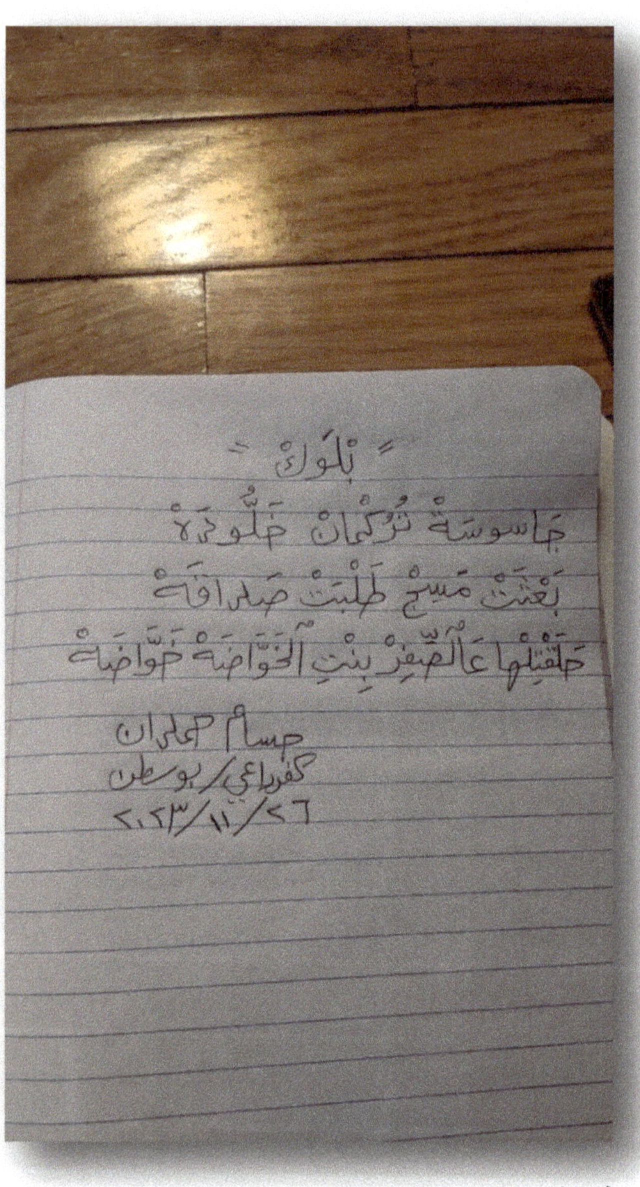

= نَلُّوك =
جاسوسة تُركُمان خَلُّوحة
بَعَثت مَسيح طَلبَت صَداقة
حلقَتلها عَالصُفُر بنت الخَوامة خَوامة

حسام حجازان
كفرياعي / يوطن
٢٠٢٣/١١/٢٦

" فُرْصَةٌ "

عَيونَ الحُرِّ لاَ تَنامِ

شُوفِ دَموعَ القَهْرِ عَلى الخَدودَ خَامِ

بطَرْفَةٍ أَطْرَقي الحَديدَ وَهُوَ حَامِ

حَلُّ الدَّولَتَينِ مُنْتَظِراً شَرارَةَ عَين

حسام حمدان

كفرراعي /بوسطن

٢٠٢٣/١١/٢٦

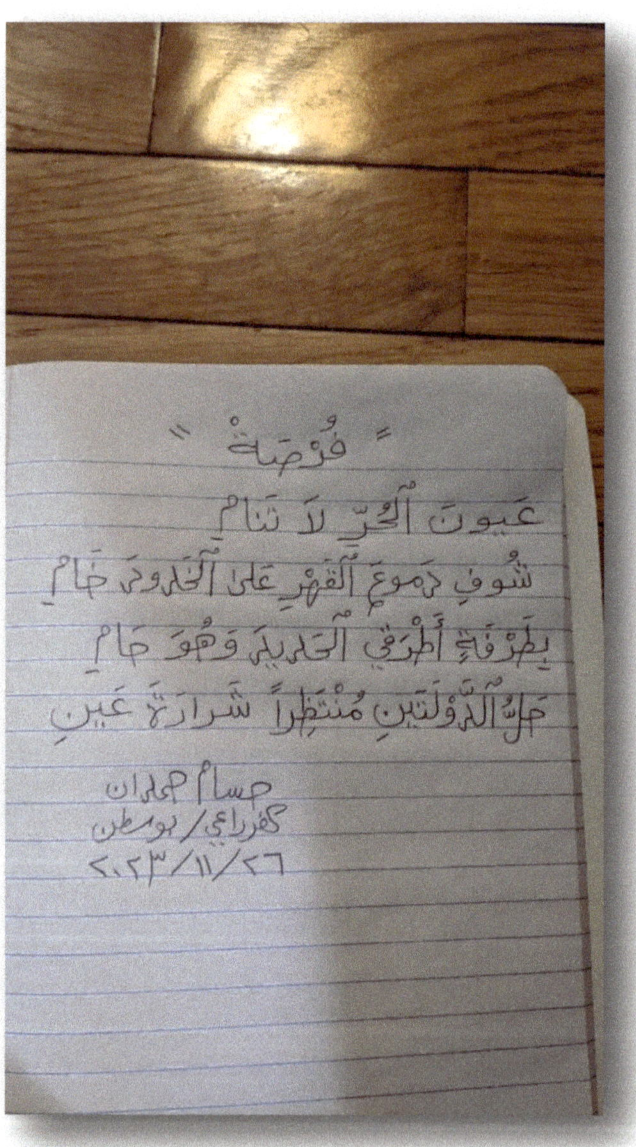
« فُرْصَة »

عُيونَ الكُرّ لا تَنامُ
شُوفِ دُموعَ القَهْرِ على الخدودِ حامِ
يَطرُفِ أطرُقِ الحديديّ وهُوَ حامِ
حِراسُ الدولتينِ مُنْتَظِراً شَرارَةَ عَينِ

حسام حمدان
كفرراعي / بوسطن
٢٠٢٣/١١/٢٦

" نِبْراسْ "

ثَلْجاً عَلى الأَشْجارِ أَقْواسْ

مَمَرّاً لِلنَّقاءِ بِلاَ حُرَّاسْ

عَهْدَهُمْ عَهْداً لاَ يُبالي مَهْما تَدُقُّ أَجْراسْ

بِالوفاءِ خُطاهُمْ مَهْما تَخُنَ وَتَحَدَّقَتْ عِيونَ مِتْراسْ

مُقاوِماً يِنيراسٍ مَلاكاً أَبْيضَ إِحْساسٍ

حسام حمدان

كفرراعي /بوسطن

٢٠٢٣/١١/٢٥

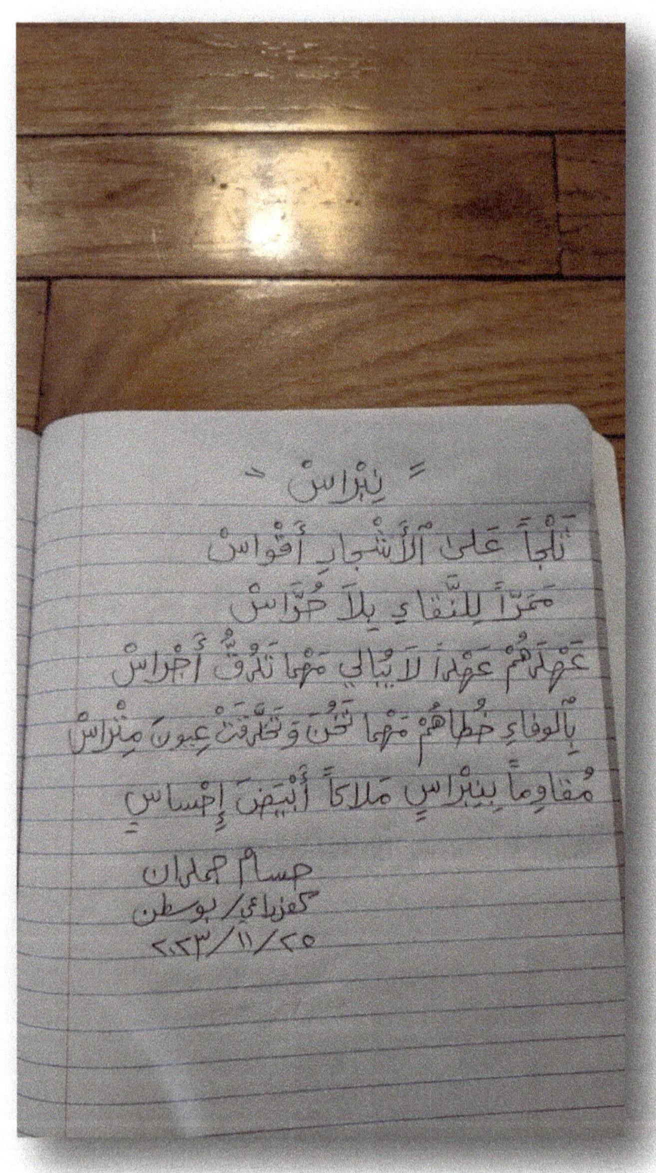

= نِبْراسٌ =

تَلْجَأُ عَلى الأشجارِ أقواسْ
مَمَرًّا للنُّقّايِ بِلا حُرّاسْ
عِندَهُم عُمرًا لا يُبالي مِنها تَدُقُّ أجراسْ
بالوفاءِ خُطاهُم مِنها نَحنُ وَنَظَرَتْ عيونٌ مِنراسْ
مُقاوِماً بِنبراسٍ مَلاكاً أبيضَ إحساسِ

حسام حمدان
كفربائي/ يوسطن
٢٠٢٣/١١/٢٥

" هُدْنَةْ "

حَوْلَهُمْ وَمِنْ أَيْديهمْ هَدْمٌ وَرَدْمْ

مُوتْ وَصِراخْ وَجُوعْ وَعَطَشْ وَجَعاً عَمَسْمَعَهُمْ وَنَظَرَهُمْ

أَسْرَىَ بِالْسّجونِ وَالْرّهائنُ أمانةٌ لِإطْلاقِ سَراحَهُمْ

بِالْهُدْنَةِ نَفَسٌ لَجُنُودٌ وَأَصْحابُ الْقَراراتِ أَنْفُسَهُمْ

نَفَساً تَنَفّسوهُ نَفُوساً يَسْتَحِقُّونَ الْحَياةَ عَلىَ أَرْضَهُمْ

نَفَساً حَلُّ الْدّوْلَتَيْنِ لِلْحُرّيَةِ وَالْإِسْتِقْلالِ وَالْعمْرانِ حَقّهُمْ

حسام حمدان

كفرراعي/ بوسطن

٢٠٢٣/١١/٢٤

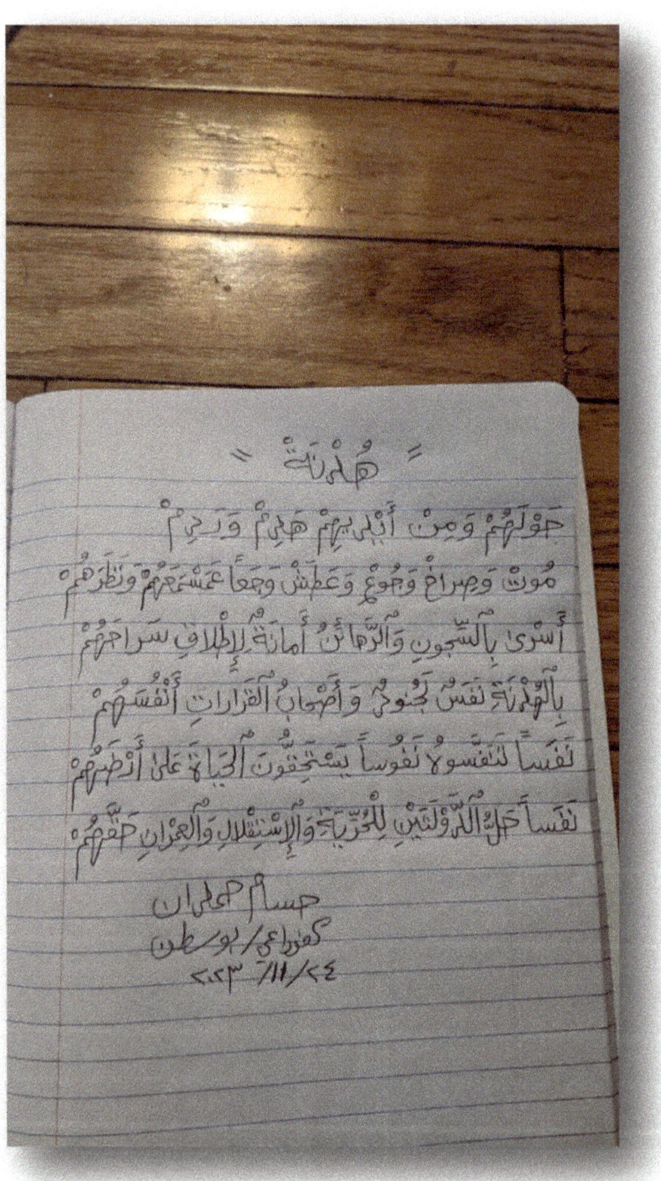

= هُذْرَة =

حَوْلَهُمْ وَمَنْ أَيْدِيهِمْ هَمُّهُمْ وَدِمَاؤُهُمْ

مَوْتٌ وَصُرَاخٌ وَجُوعٌ وَعَطَشٌ وَجَمْعًا عَطَشُهُمْ وَنَظَرُهُمْ

أَسْرَى بِالسُّجُونِ وَالرَّهَائِنِ أَمَانَةٌ لِلطِّلَاقِ سِرَاجُهُمْ

بِالْهُذْرَةِ نَفْسٌ لِجُنُودٍ وَأَصْحَابِ الْقَرَارَاتِ أَنْفُسَهُمْ

نَفْسًا لِنَفْسُوا نُفُوسًا يَسْتَحِقُّونَ الْحَيَاةَ عَلَى أَنْظُرِهِمْ

نَفْسًا حِمْلُ الدَّوْلَتَيْنِ لِلْحُرِّيَّةِ وَالِاسْتِقْلَالِ وَالْعِمْرَانِ حَقُّهُمْ

حسام الحطيان
كفراعي / يوسطن
٢٠٢٣/١١/٢٤

"حِيادْ"

نَاهِيكَ عَنِ الْمِفَخِّخْ بِمَنْصِبٍ

عُذْرَهُ عَجيفَ الْإِنْتِصابِ وَحَرْبَ أَعْصابْ

إِنْ نَفَخْتَ عَلَيْهَ رِيشَةً طَايِرْه

وَإِنْ زَقَّيْتَهُ وَاقِعاً بِنَظراتٍ دايِرْه

طُوفْ يَا طُوفْ طُوفْ عَلَى صِيرةِ الْخُوفْ

الْكِباشْ مَخْصِيِّهْ وَالنِّعاجْ عَلَى بَعْضِها نَاطّهْ

لَيشْ يَخَيَّهْ هُوَ وَبْرِch (وَبْرك) أَدْفىَ وَأَسْتَرْ مِنْ وَبْري؟!

حسام حمدان

كفرراعي/ بوسطن

٢٠٢٣/١١/٢٢

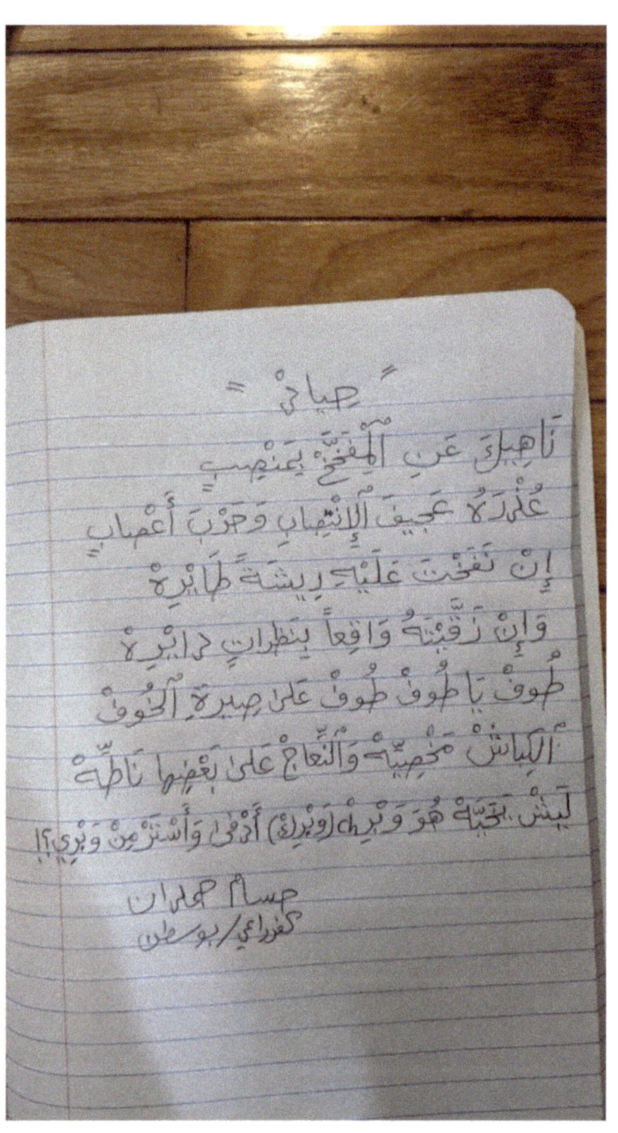

" حياة "
تأهيل عن المفتح يمنحسب
عمرك عجيف الالتهاب وحرب أعصاب
إن نفخت عليك ريشة طائرة
وإن رقيته واقعاً بنظرات حائرة
طوف يا طوف طوف على صيرة الخوف
الكباش محمية والنعاج على بعضها ناطة
ليش تحيه هو وتبرك (ونبرك) أدمى وأستر من وبرى؟!

حسام حمدان
كفراوي / يوسطن

" بحَرْبٍ "

بِدِيارٍ خَرابْ الْنَّصابُ نَصَّابْ

نَاصِباً فَخَّةً بَيْنَ الْأَصْحابْ

بجِرْزِمِها طُعُمْ حَيّاً صَاحِبْ مِنَ الْأَصْحابْ

عُلُوّاً كَبيراً مِنْ فَسادٍ وَدَعْمَ الْسُّكوتِ بمِحْرابْ

حسام حمدان

كفرراعي/ بوسطن

٢٠٢٣/١١/٢٣

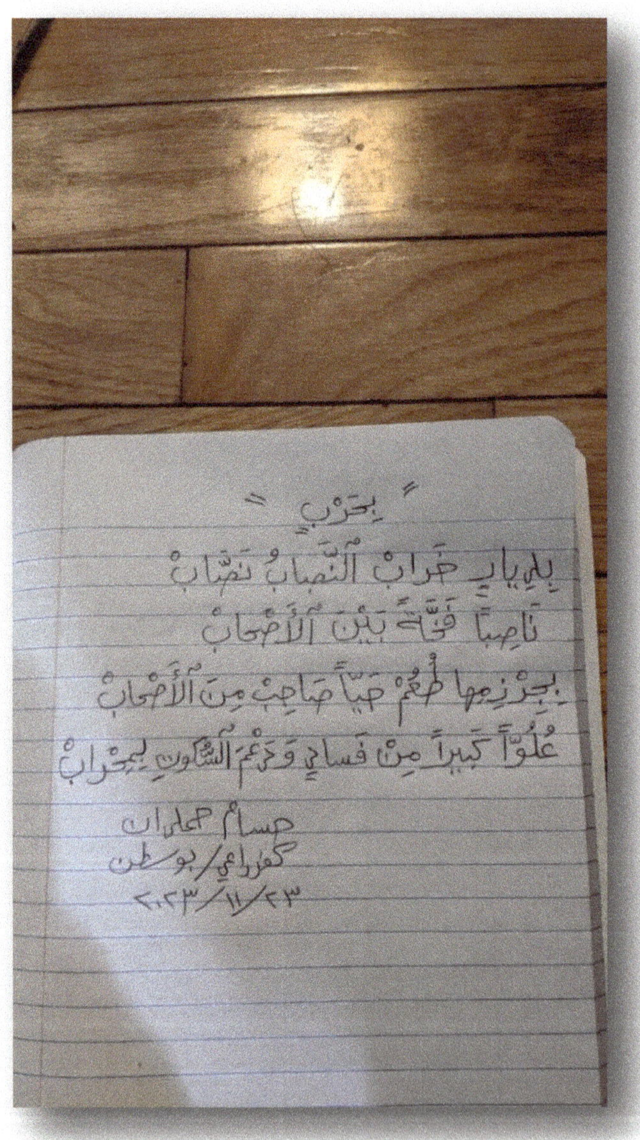

" يَحْرُب "

يَلي يابِ خَراب النَّصاب و نَصاب
ناصِباً فَتَّة بَين الأَضحاب
بجرزمها طعم حيّاً صاحب من الأَصحاب
علوّاً كبيراً من فسادي ورَغم الشَّكون يمحراب

حسام محلات
كفرامي / بوطن
٢٠٢٣ / ١١ / ٢٣

" رُكوبْ "

تَعَوَّدْنا رُكوبْ ٱلدَّوابِ وَرَّاني

بِأَيْدينا شَوْكَةٌ لَا تَراها بِها وَفيها حُسْباني

بِركوبِنا لَا تَقْتربُ مِنَّا حَذَّراني

وَخْدَةٌ بِالْدُّبرِ رَفْشةٌ تَرْميكَ عَيَّاني

بِالْرُّكوبِ رِقابٌ تُراقِبُ حِوارَ وَادْراما الْرُّكابي

الْرَّبُّ وَالْإِنْسُ والْجِنُّ وَالْشَّياطينُ بِالْنَّظَرِ لَا تُبالي

أَرْكَبْ ٱلدَّهْرَ جَنَّابي أَمامي وَرَّاني

رِكَوبَ جُنُوني حُرّاً لَحُرّاً حَيِّيتُه وَحَيَّاني

حسام حمدان

كفرراعي/ بوسطن

٢٠٢٣/١١/٢٢

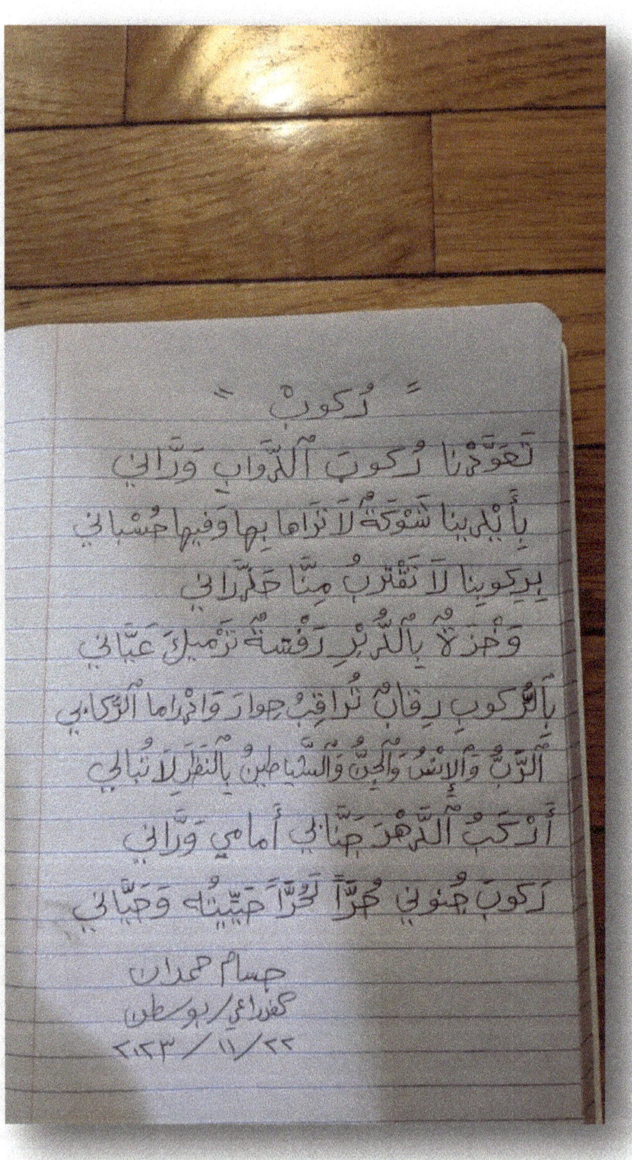

" رُكوبٌ "
تَعَوَّدْنا رُكوبَ الدَّوابِّ وَرَائي
بِأَيْدينا شَوْكَةٌ لا نَراها بِها وَفيها حِسْبائي
بِرِكوبِنا لا نَقْتَرِبُ مِنَّا حَذَرائي
وَحُزْنٌ بِالدَّرْبِ رُفْقَتُهُ تَرْميلٌ عِبّائي
بِالرُّكوبِ رِفاقٌ نُراقِبُ جِوارَ وَادْرِاما الرَّكابي
الزَّرْبُ وَالإِنْسُ وَالجِنُّ وَالشَّياطِين بِالنَّظَرِ لا نُبالي
أَرْكَبُ الدَّهْرَ صِبائي أَمامي وَرَائي
رَكوبٌ جُنُوني حُرّاً حُرّاً حِسِّيتُهُ وَحِبّائي

حسام حمدان
كفرداعي / بوسطن
٢٠٢٣ / ١١ / ٢٢

" إلى مَتى؟ "

تَّصارَعَ في بَطْنِها التَّوْأَم

مَنْ يَخْرُجُ مِنْ رَحْمِها بالأَوَّلْ

بِلَحْظاتٍ نَفاسٍ مَاتوا جَميعاً رَحْمَةً عَلَيْهِمْ

عَنْزِتنا الشَّامِيَّةِ ضَحِيَّة صِراعاً مَا زَالَ قائِمْ

حسام حمدان

كفرراعي/ بوسطن

٢٠٢٣/١١/٢١

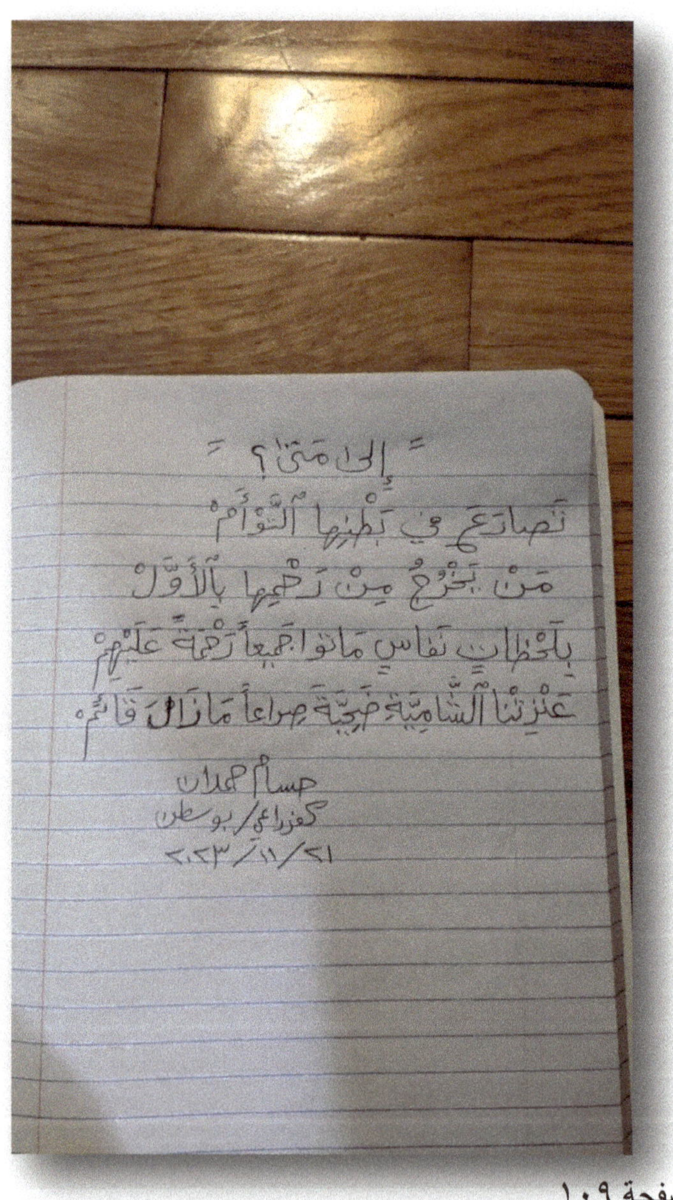

= إلى متى؟ =

تصارعٌ في بطنِها التوأمْ

مَنْ يخرجُ مِنْ رحمِها بالأوّلْ

بالحظانِ نفاسٌ ماتوا جميعاً رغمةً عليهمْ

عترتُنا الشاميّة مريضة صراعاً ما زال قائمْ

حسام حمدان
كفرزعاء / بوطن
٢٠٢٣/١١/٢١

" صَبْراً "

إِسْتَنُّونا بدْنا نُقْعُدْ وَنُوكِلْ مَعاكُمْ

فَقَبْلَ مَا تبْرُدِ الطَّبْخَةْ

رَبَّنا إجْعلْ لَنا مَدْخَلاً وَمَخْرَجاً

حسام حمدان

كفرراعي /بوسطن

٢٠٢٣/١١/٢٠

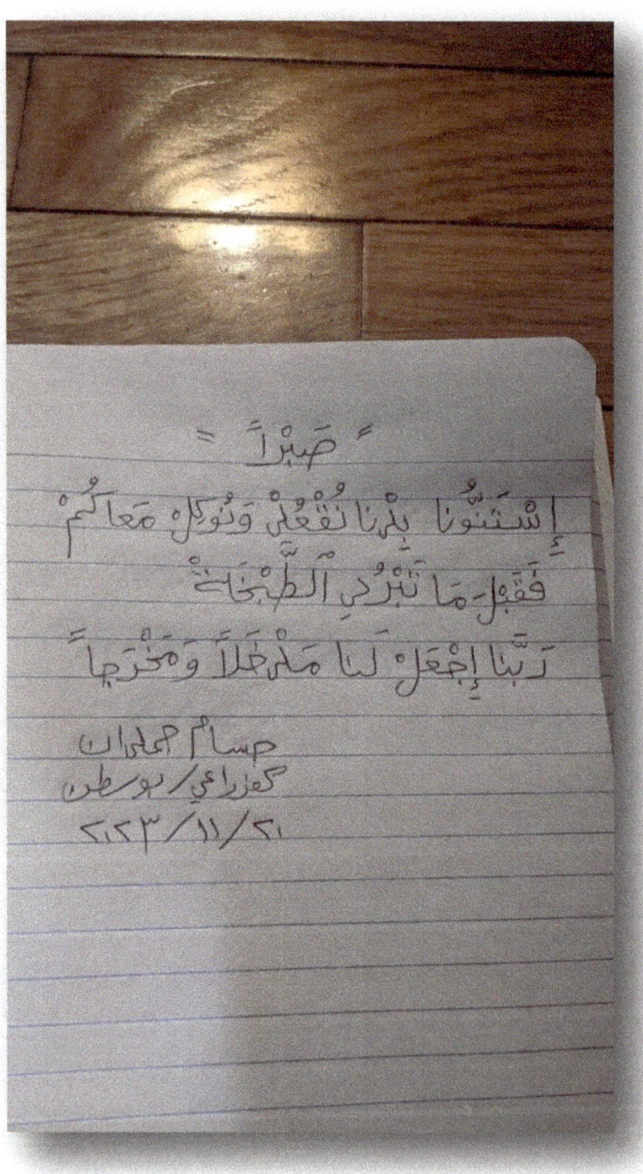
" صَبْراً "

إشْتَنُونا بِنْرِنا نَفْعَلْ وَنُوكِل مَعَاكُم

فَقَبْل مَا تَبْرُدِ الطّبْخَة

رَبَّنا اجْعَل لَنا مَنْ ظَلاً وَمَخْرَجا

حسام محمدان
كفرزاعي / بوطن
٢٠٢٣/١١/٢١

" قِشْنِيَّة "

دَفى وَحَمْ أَعْطانا مَا وَعَدْ

بكَحْفِ الطَّبونْ قِشْنِيَّة النَّشْمَةْ في البلَدْ

زَغاليلٍ مَعْ خُضروات وَبَهارات طَبْخِتها بالأَحَدْ ذِكْرَيات تُراثْ لَمِنْ

تَحْتَ الحِصارِ بجوعٍ وَكَبَدْ

حسام حمدان

كفرراعي/ بوسطن

٢٠٢٣/١١/١٩

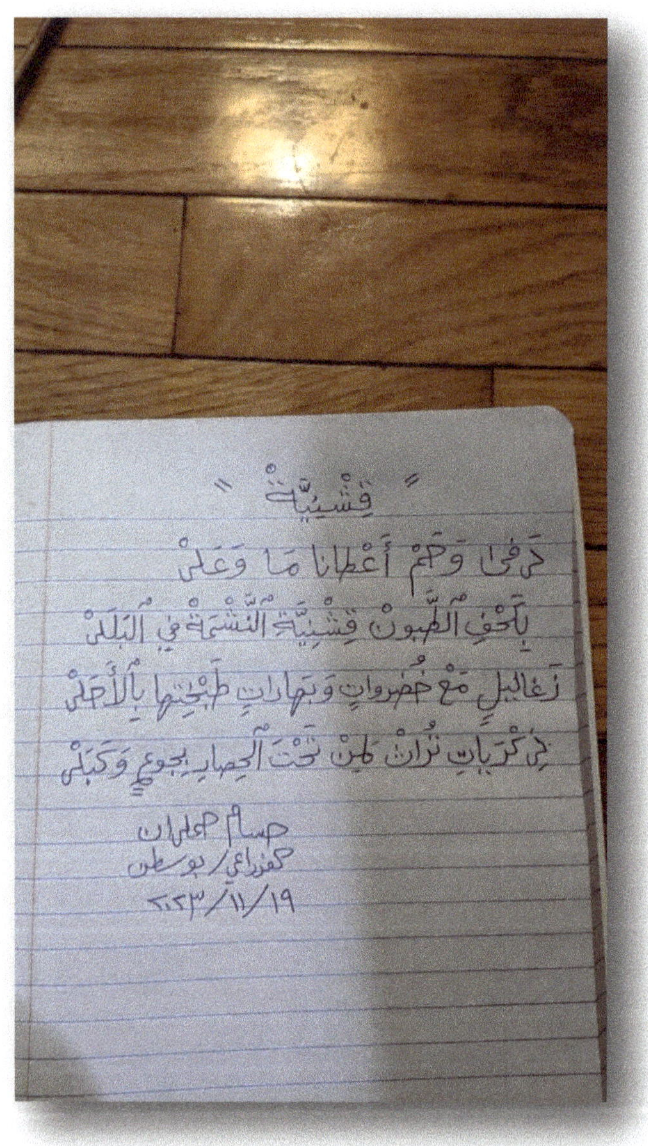
" قَشِيبَة "
حَنِّا وَكَمْ أَعْطَانَا مَا وَعَلَى
يَحْنُ الطَّيِّبُون قَشِيبَة النَّسَمَة في البَلَدِي
نَغابِل مَع خَضرَوات وَبَهارات طَنجِنها بِالأَحَنِّي
مِن كُرِّيَات تُراب لِمَن تَحت الحِصار بِجوعٍ وَكَبت
حسام حملان
كفرزاعي / بوسطن
١٩/١١/٢٠٢٣

" كَلامْلِشْ "

دُرْعائُهْ جَاكيتْ حِفُوفْها بَرَقْ

بَيْنَ الجِيابْ رُيالْ زَرَقْ

قُلْتِلَّكْ إِيدُهْ خَفيفِهْ يَا وَلَدْ

حسام حمدان

كفرراعي/ بوسطن

٢٠٢٣/١١/١٨

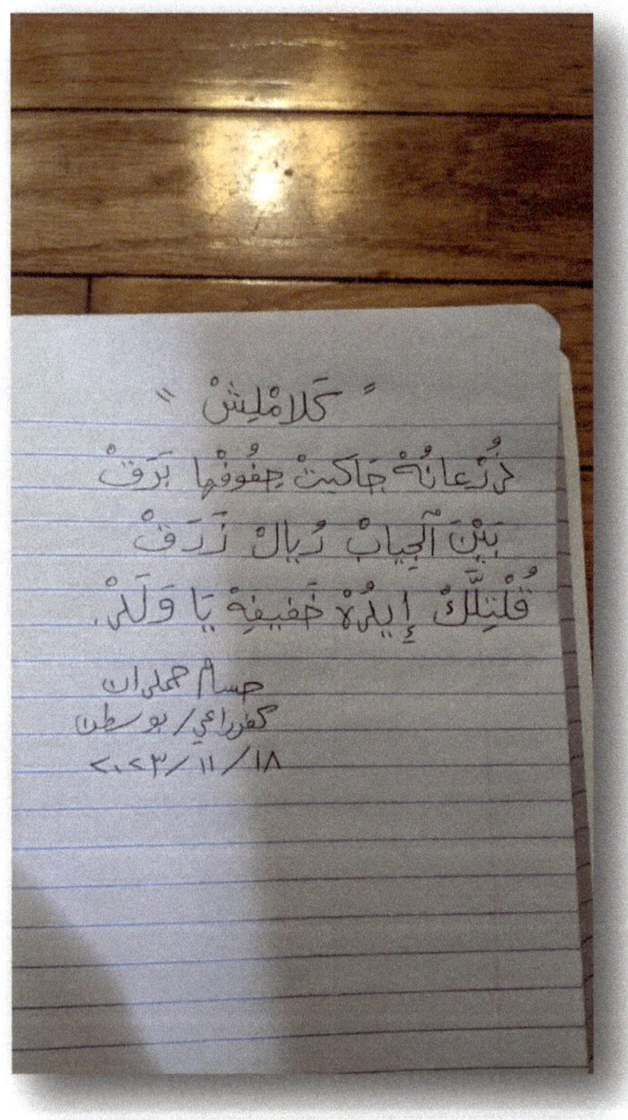

" كلام مْلِيش "
دُرْ عَانَهُ حَاكِيتْ جفُوفُها بَرَقْ
بين الحياة تبالْ تَرَقْ
قُلتلَّك إيشْ خفيفة يا وَلَكْ

حسام حمدان
كفرراعي / يوطن
٢٠٢٣ / ١١ / ١٨

" صِفِرْ "

مَالي وَمَالي غَيري مَا عِنْدَه أَرْقامْ

بِحَوْزتي صِفِرْ وَبِلَحْظَةٍ أَخَرْيطهُمْ أَرْقامْ

إنْ كُنْتَ حُرّاً بِالدُّنيا لَكَ مَقامْ

الصِّفِرْ حَافِظْ مَنْزِلُه بِدِيارٍ أَرْقامَها إِحْتِرامْ

حسام حمدان

كفرراعي /بوسطن

٢٠٢٣/١١/١٧

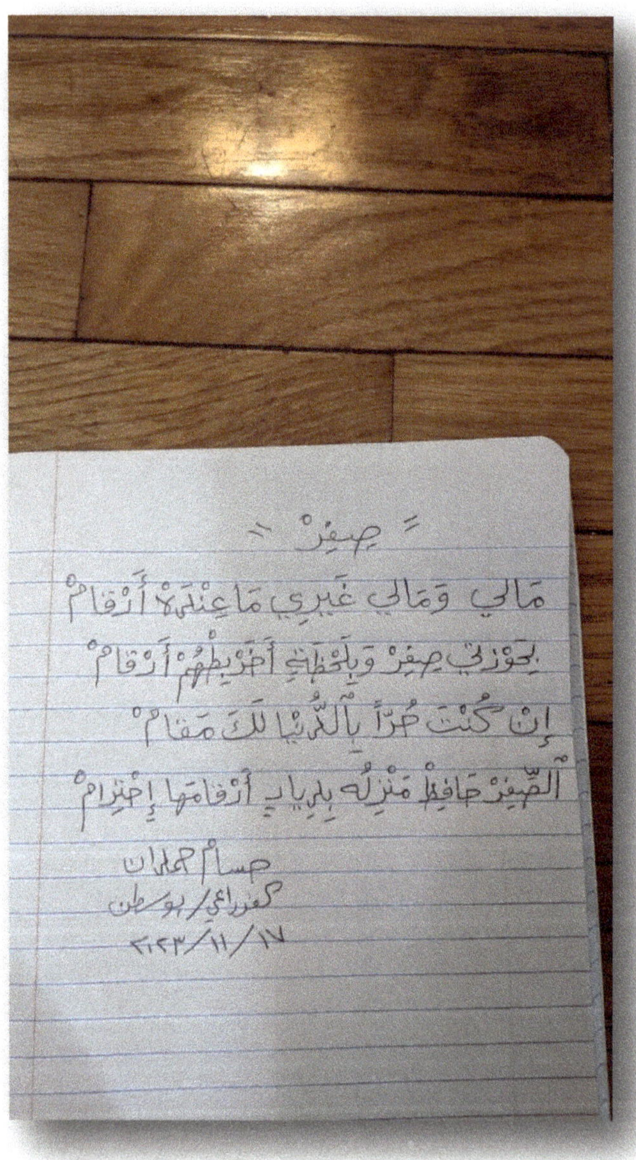

= صِفْر =

مَالِي وَمَالِي غَيْرِي مَا عِنْدَه أَرْقَام

بِحُوزَتِي صِفْر وَبِخَطِّي أَرْبِطُهُم أَرْقَام

إِنْ كُنْتَ حُرّاً بِالدُّنْيَا لَكَ مَقَام

الصِّفْر حَافِظ مَنْزِلُه بِالرِّيَاء أَرْقَامَهَا إحْتِرَام

حسام حمدان
كفرراعي / بوطن
٢١٢٣ / ١١ / ١٧

" تَمَنِّي "

يَموتُ الطَّفْلُ وَبالآخِرَةِ شَفيعٌ لِوالِدينْ

يَوْمَ يُسْأَلُ بأَيِّ ذَنْبٍ قَتَلَتْهُ إِيدِينْ

لَيْتَهُ الرَّبِ خَلَقَ الإِنْسانْ بِجَناحينْ

لَتَحَدَّى وَطَارَ بِقوتِ العَيْشَ لَقُرَّةَ العَينْ

حسام حمدان

كفرراعي/ بوسطن

٢٠٢٣/١١/١٦

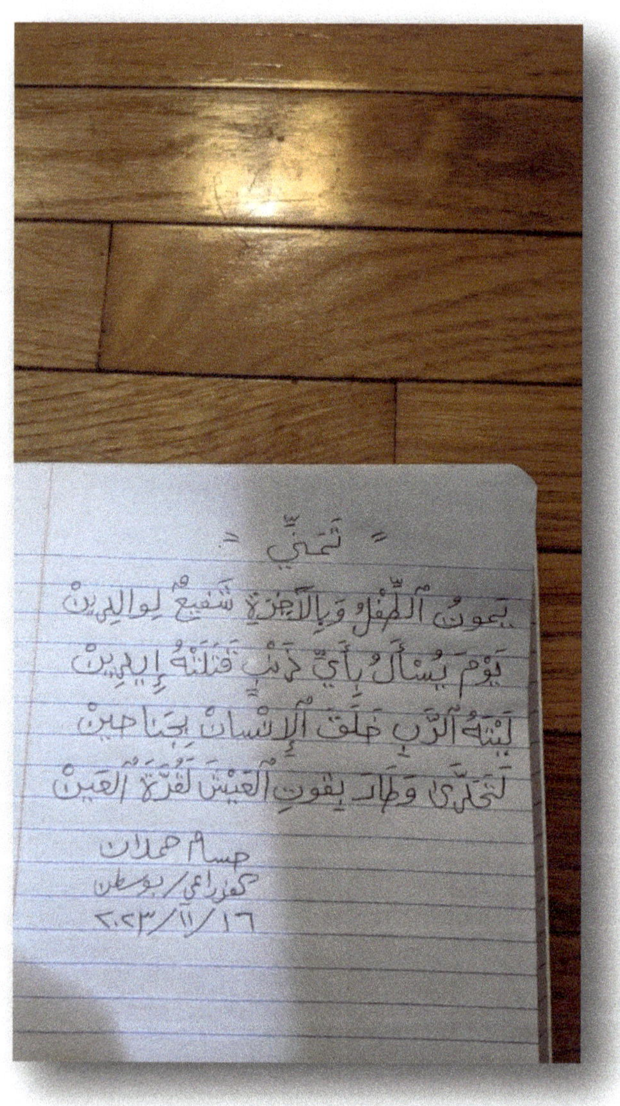

" تَمَنّي "

يكونُ الطِّفْلُ وبالآخِرةِ شَفيعٌ لوالِدين
يَوْمَ يُسألُ بأيِّ ذَنْبٍ قَتَلْتهُ إي يَدين
بعثهُ الرَّبُّ خلقَ الإنسانَ بجناحين
لتحيى وطان يقوتُ العيشُ لقرَّةِ العين

حسام حمدان
كفر رامي / بوسطن
١٦ / ١١ / ٢٠٢٣

" أَطْفالْ "

مَا أَجْمَلْ أَطْفالْ غَزَّهْ

يَخْفِقونَ القُلوبْ بِمَعَزَّةٍ وَمَحَبَّهْ

لاَ تُهَجِّروهُمْ وَلاَ تُيَتِّموهُمْ وَلاَ تَقْتُلوهُمْ

حَرامْ عَليكُمْ يَسْتَحِقُّونَ الحَياةْ مِثلْ أَطْفالَكُمْ

حسام حمدان

كفرراعي/ بوسطن

٢٠٢٣/١١/١٥

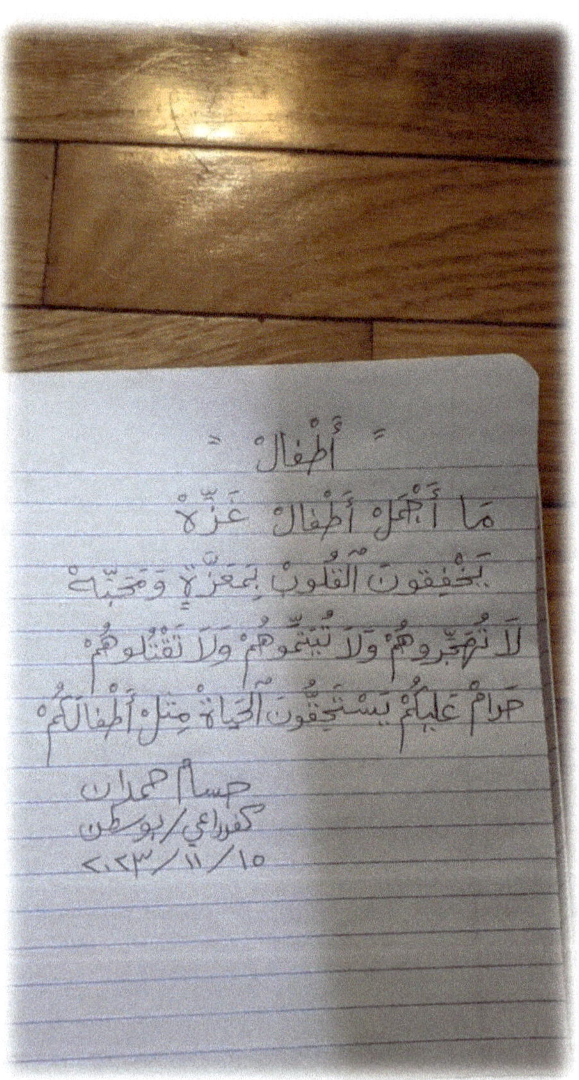

" أُطْفَال "
مَا أَجْمَلَه أَطْفَال غَزَّة
يُخَفِّقُون القُلُوب بِمَعَزَّة ومَحَبَّة
لا تُهَجِّرُوهُم ولا تُبَشِّرُوهُم ولا تَقْتُلُوهُم
حَرَام عَلَيْكُم يَسْتَحِقُّون الحَيَاة مِثْل أَطْفَالَكُم

حسام حمدان
كفرراعي / يوطن
١٠ / ١١ / ٢٠٢٣

" تِسْتَعْجِلِشْ "

كَيْفَ يُوَلِّي الدُّبُرْ

مُلَزِّقاً بِثِقابٍ مُرَبْرَبَةً عُهُرْ

أَسْتغْفِرُ مِنْهُمْ دُشُرْ

بِالغَباءِ وَالوَهْمِ كُفُرْ

إِسْتِعْماراً يَميلُ بِالوَضْعِ وَالجَنْبِ عُشُرْ

طَمْئهُ حَرْباً بِأَدْوارٍ نَارَها عُسُرْ

تِسْتَعْجِلِشْ الرَّكوبْ بِسيناريو حَاحَا وَلَكْ

حسام حمدان

كفرراعي /بوسطن

٢٠٢٣/١١/١٤

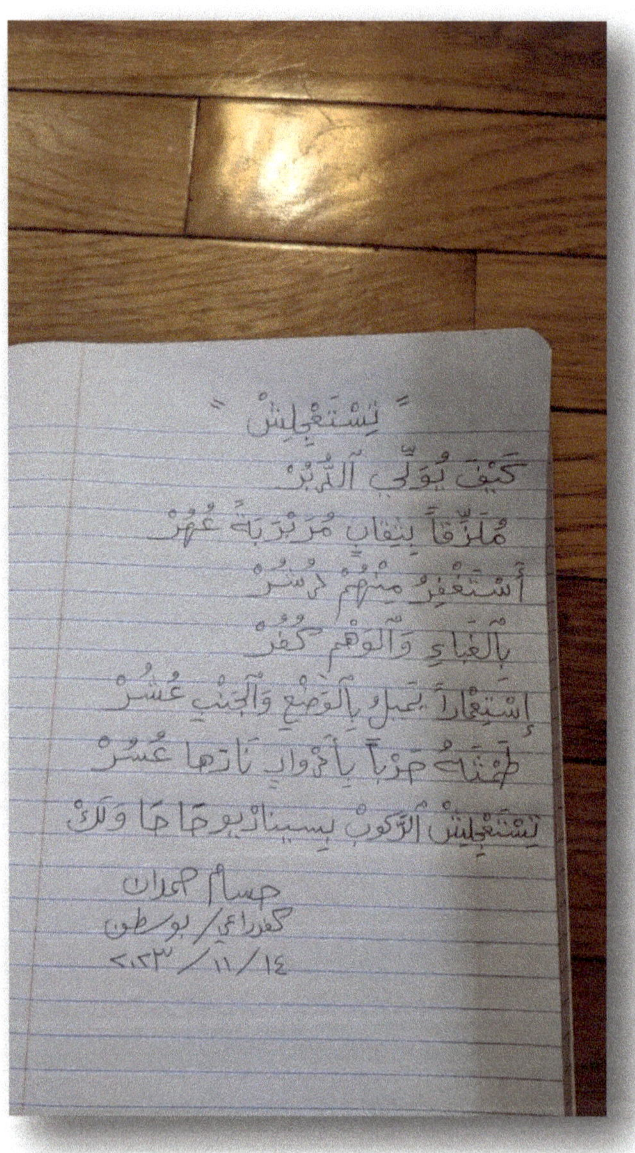
" يَسْتَغْلِش "
كَيْفَ يُوَلِّي التَّبَرُّجْ
مُلْتَزِقاً بِنِقابٍ مُرَتَّبَةٍ عُمُرْ
أَسْتَغْفِرُ مِنْهُمْ كَيْسُرْ
بِالعَباءِ وَالوَهْمِ كُفُرْ
اِسْتِعْماراً يَعْبَثُ بِالوَضْعِ وَالجِنْسِ عُسُرْ
طِفْلَةٌ مُحْزِناً بِأَهْوالٍ نارُها عُسُرْ
يَسْتَغْلِش التَّكوينْ بِسيناريوهاتِها وَلَكْ

حسام حوران
كفرا عي / بوطن
٢٠٢٣ / ١١ / ١٤

"حِرْصْ"

مُونْةِ السِّدَةْ عَلَّمَتْنا وَحَمَتْنا أَيَّامِ الشِّدةْ

أَهْدِينا وِأَرْشِدْنا لِقُوَّةِ رَدِعْ نَشُدُّ بِها العِدَّةْ

بِالعَناءِ وَالرَّخاءِ سِلَّمَةً نَرى مَا خَلْفَ الجِدارَ حَرْصَةْ

حسام حمدان

كفرراعي /بوسطن

١٠/١١/٢٠٢٣

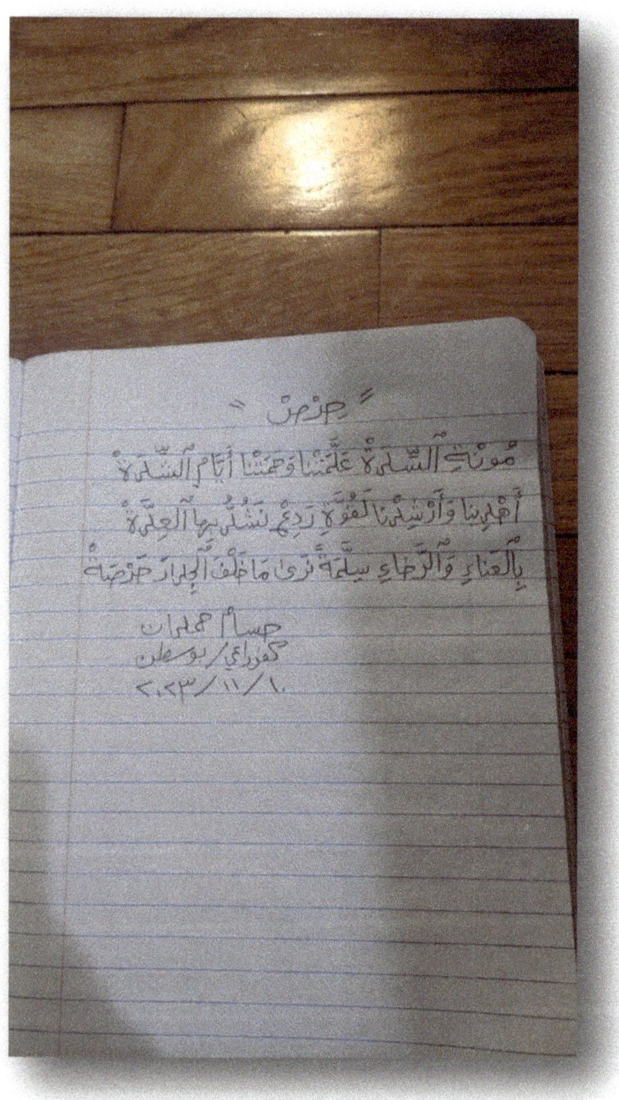
" حِزْمِن "
مؤونةُ الشتى علّمتنا وصمتنا أيّامَ الشتى
أقدمنا وأرشدنا القوّة ردع نَشُلُّ بها العلى
بالعناءِ والرّخاءِ سلمةٌ ترى ما خلف الجدار حرصها

حسام حمدان
كومراي / بوسطن
٢٠٢٣ / ١١ / ١

" لِلْسَلاَمْ "

إِنْ مَاتَ الرَّدْعُ

مَا بِالكَرَامَةِ شَعْبُ

فَزْعَتَكْ أَيُّها الحُرُّ

مَا بَعْدَ الرَّمادِ نَارُ

مَا بِالحياةِ طَعْمُ

إِنْ ضَاعَ الحَقُّ والعَدْلُ

بِيَدكَ العُقَدُ والحُلَلُ

فَلاَ تَحِلُّ عَنِ السَّلامِ يَأْخُذْ مَحَلُّ

حسام حمدان

كفرراعي/ بوسطن

٢٠٢٣/١١/٨

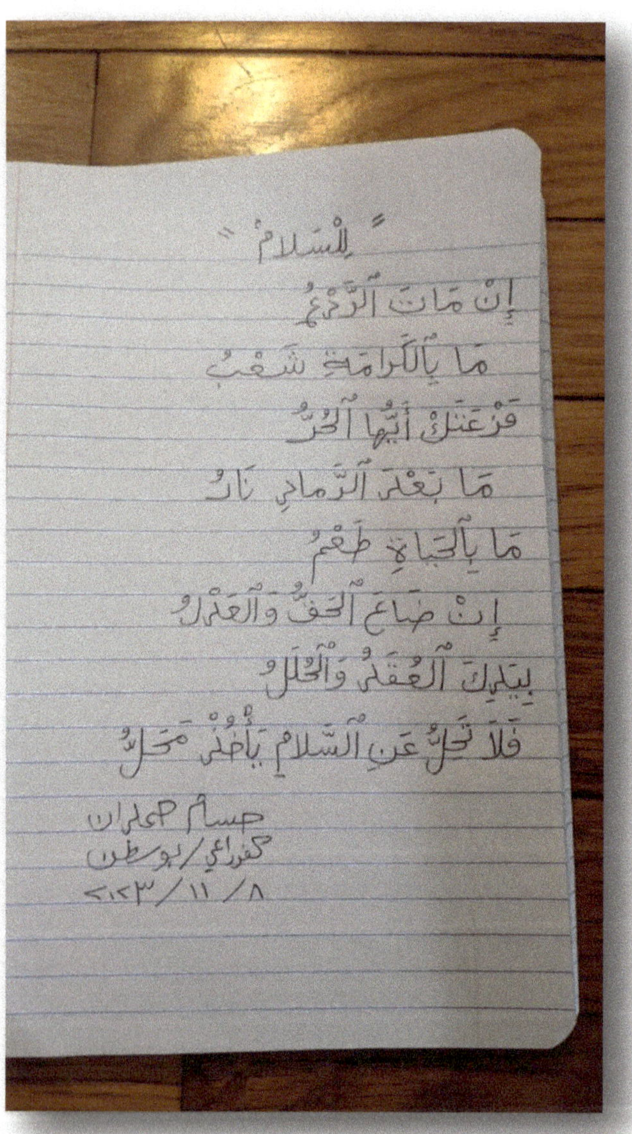
" السَّلامُ "

إِنْ مَاتَ الرَّحْمُ

مَا بِالكَرامةِ شَعْبُ

فُزْ عَنكَ أَيُّها الحُرُّ

مَا بَعْدَ الرَّمادِ نَارُ

مَا بِالحَياةِ طَعْمُ

إِنْ ضَاعَ الحَقُّ والعِزُّ

بِيَدَيكَ العَقدُ والحَلُّ

فَلا تَحِلُّ عَنِ السَّلامِ يَأْخُذُ مَحَلُّ

حسام ميلان
كفرراعي / بوطن
٢٠٢٣ / ١١ / ٨

" كَيْدْ "

كَلِماتُ رَبِّنا إِنَّ كَيْدَهُنَّ عَظيمْ

كَمانْ يَعْني وَيَشْمَلُ دُوَلْ

إِنْ كَادَتْ فَاللَّهُ يَكيدُ كَيْدا

تَأَكَّدْ أَنْ لاَ تَنْقادُ بِكَيْدِها أَكِيدا

حسام حمدان

كفرراعي /بوسطن

٢٠٢٣/١١/١٨

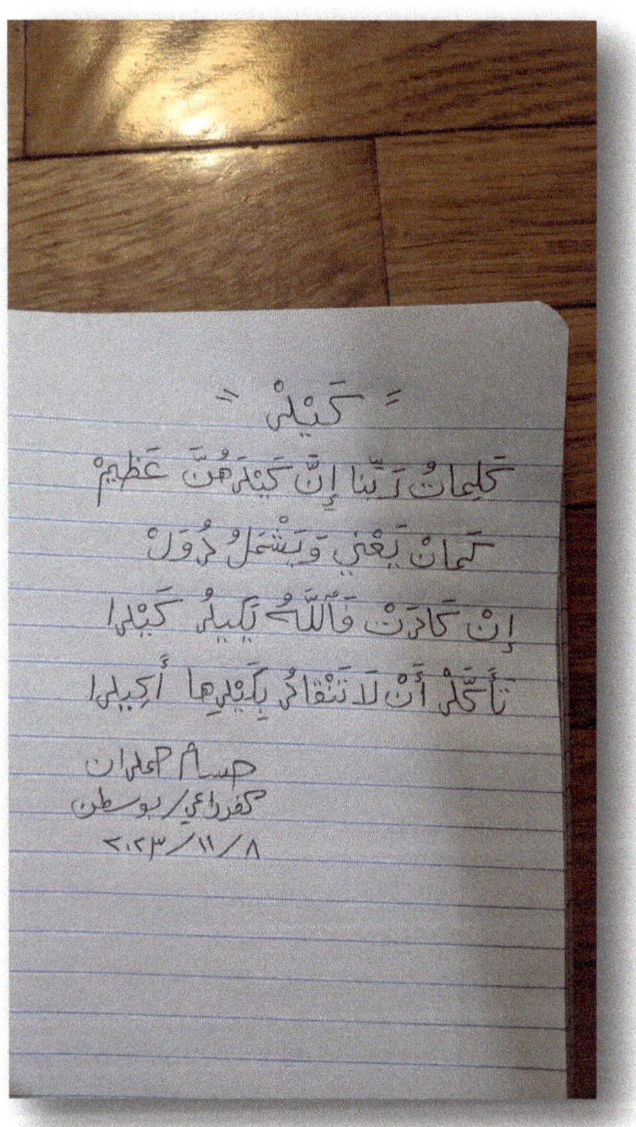
كَيْدٌ

كلماتُ ربِّنا إنَّ كيدهنَّ عظيمٌ
كما أنْ يُغني ويُشغِلُ دُولْ
إنْ كادَتْ واللهُ تكيدُ كيدًا
تأكّدْ أنْ لا تَنقاكَ بكيدِها أكيدًا

حسام عجلان
كفر راعي / بوسطن
٨ / ١١ / ٢٠٢٣

" جَايْ "

مَا قَلَّ وَدَلْ

حَلْ الدَّوْلَتِينْ هُوَ الحَلْ

عَلى الطَّرِيقْ جَايْ إِغْلي قَهْوَه وَزِيدْها هَيلْ هَلْ

حسام حمدان

كفر راعي/ بوسطن

٢٠٢٣/١١/٧

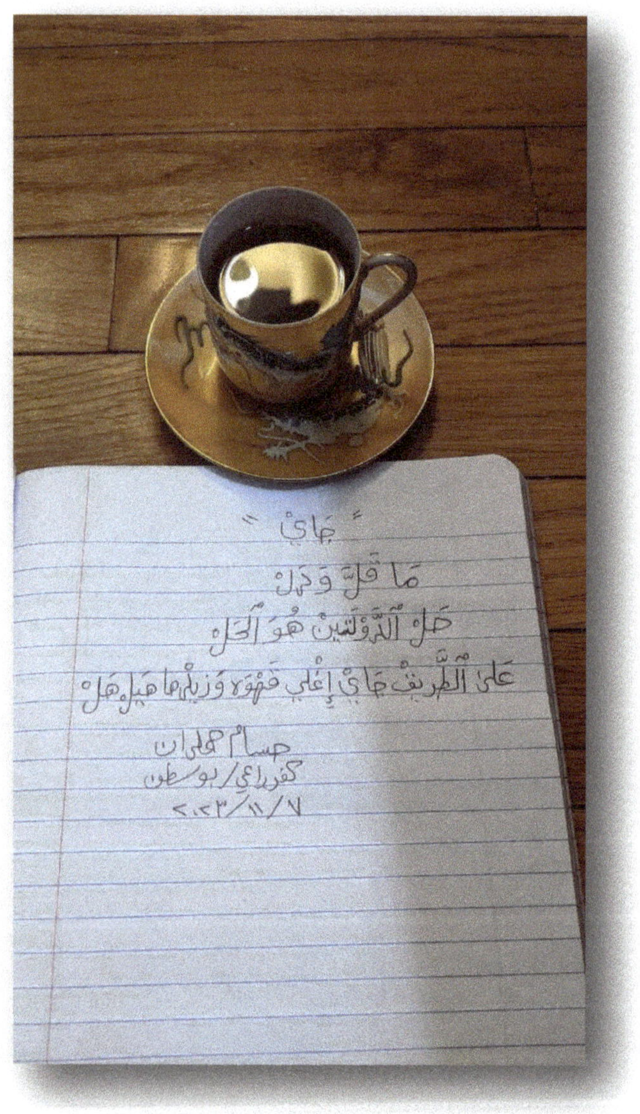

" جَاي "
مَا قَلَّ وَدَلَّ
حَلُّ الدَّوْلَتَيْن هُوَ الحَلّ
عَلَى الطَّرِيق جَاي إِغْلِي قَهْوَه وَزِيدْها هِيل وَهَل
حسام حطيان
كفرياعي / بوسطن
٢٠٢٣/١١/٧

" أَرَقْ "

هَدُّوا بِيوتِهِمْ وَغُرَفِ نَوْمِهِمْ

يَنامونَ كَالدَّوابِ وَاقِفونْ

طَبَّقوا مَا قَالوهُ قَبْلَ الحَرَبْ حَيَواناتْ

حسام حمدان

كفرراعي بوسطن

٢٠٢٣/١١/٦

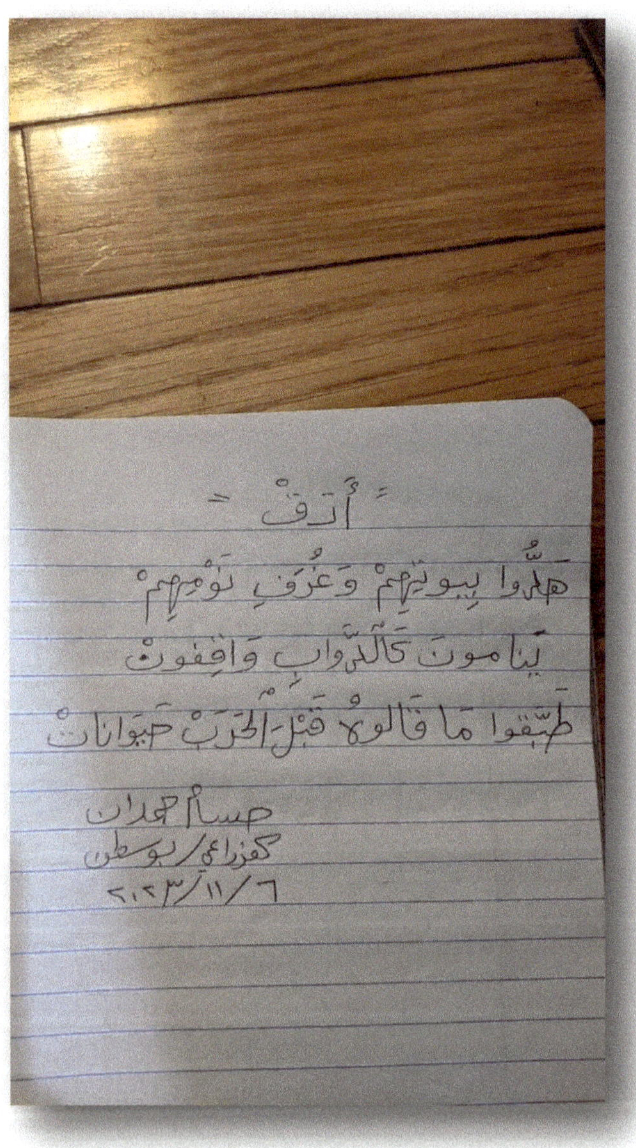

- أُتُن -

هَمُّوا بيوتهم وعُرِفَ نومهم
ينامون كالدوابّ واقفون
طبّقوا ما قالوه قبل الحرب حيوانات

حسام حمدان
كفرراعي / بوسطن
2023/11/6

" عَرَمْ "

أَيُّها الُمقاوِمْ بأَيِّ أُسْلوباً تُقاوِمْ ؟

بالحَقِّ بالعَدلِ مَعاكَ وَلَنْ نُحَيِّدْ وَنُساوِمْ

لكَ مِنَّا خَواتِمْ وَقلايدْ وَدَراهِمْ

أَشْتَري مَا تَراهُ رَدْعاً لَعَرْمَةِ غَاشِمْ

حسام حمدان

كفرراعي /بوسطن

٢٠٢٣/١١/٥

= عَزْمٌ =
أَيُّهَا الْمُقَاوِمُ بِأَيِّ أُسْلُوبٍ نُقَاوِمُ؟
بِالْحَقِّ بِالْعَدْلِ مَعَاكَ وَلَنْ نُخِينَ وَنُسَاوِمُ
لَكَ مِنَّا حَوَائِمٌ وَقَلَائِدٌ وَدَرَاهِمُ
نَشْتَرِي مَا نَرَاهُ رَدْعًا لِعَزْمَةٍ غَاشِمٍ

حسام جعفران
كفرايا / بوسطن
٢٠٢٣/١١/٥

" حِصارْ "

ثِيابْ بِجْيابْ

إِلَيْهِمْ يَدْ ذِهابْ وَإياب

إِرْتَخَتَ وَنامَتَ يَداً بالجَيْبَةِ الوَرَّانِيَّهْ

غَطْرَسَةً تُمَزِّقْ جِيابْ أَكْفانْ الأَنانِيَّهْ

حسام حمدان

كفرراعي /بوسطن

٢٠٢٣/١٠/٣١

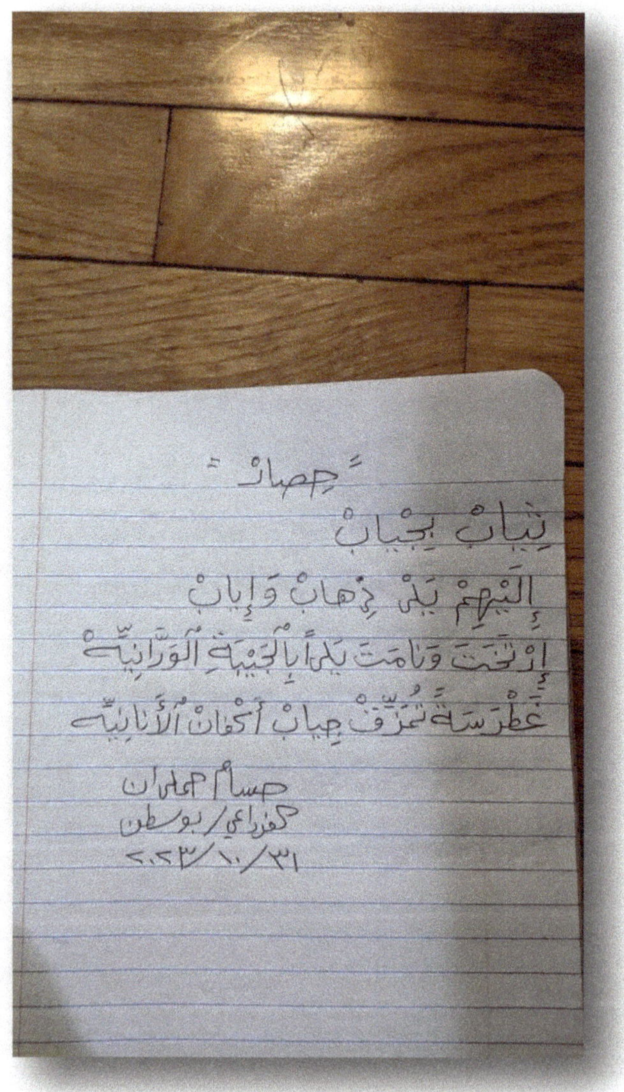

حِصان

ثِياب بُثيان

النَّهم يَبْنى ذَهاب وَإِياب

إِنْ نَمْت وَنامَت يَدا بالجُبْنِة الوَرّانِيّة

عَطْرَ سَنَة تَعْرُف جِيان أكْوان الأَنانِيّة

حسام حمدان
كفرزائي / بوسطن
٢٠٢٣/١٠/٣١

" أَحَقْ "

أَفْتَقِدُ وَأَحِنُّ لِمَنْ أَحْبَبْتُهُمْ عُمْراً

تَحْتَ التُّرابِ تُراباً أَسْقيهِ ذَرْفَةِ عَيْناً

قَهَرَنا القَهَّارِ رَبّاً المَوْتُ حَقّاً

بالصَّبْرِ إِنْساناً تُمْتَحَنُ لَفَرَجاً وَنصَراً

المَوْتِ حَقْ وَلكِنِ الحَياةْ أَحَق

حسام حمدان

كفرراعي/ بوسطن

٢٠٢٣/١٠/٢٢

مقالات

المال والبنون

كلمات الله تقول "المال والبنون زينة الحياة الدنيا". من ذلك ندرك أن الله ميز وكرم أبناء الإنسان وخصهم بالزينة عندما استعمل كلمة البنون وليس الذكور لأن كلمة الذكور قد تكن لإنسان أو حيوان. استعمل البنون/البنين بدل الذكور عندما تشير إلى أبناء الإنسان.

حنون حنين تأتي على نفس إيقاع بنون بنين، فربما وبطريقة غير مباشرة يريد الله عندما يذكر بنون/بنين يخطر بعقول وقلوب الأبناء الحنية على أحياء الدنيا والحنين لبيوتهم وأوطانهم.

(حسام حمدان/ كفرراعي ـ بوسطن ـ ٢٠٢٣/٦/٢١)

حمام

فوقه طيارات بتوطي المطار قريب. حمام براقب رفه على شط المحيط. أخذتله
صوره قبل ما طار لبعيد، قلت الأيام فضيله عسى الله يحفظ مسعاه ونام بعشه
اينما كان قرير سعيد.

طابت جمعه طيبه بحمام أليف الديار والرب مجيب.

(حسام حمدان/ كفرراعي ـ بوسطن ـ ٢٠٢٣/٦/٢٣)

عيد أضحى مبارك :

بضحى عيد الأضحى أول ما يخطر على بالنا جبر الخواطر. مترجمة بصلة الرحم والأصدقاء والصدقات على الفقراء واليتامى والمحتاجين. نقضي العيد ببسمات على وجوهنا وعيديات من جيوبنا ومأكولات من سبرنا حامدين شاكرين.

بهذا العيد الفضيل آمل العفو والعافية وحسن الختام لي ولكم إخواني وأصدقائي الكرام. حفظكم اللّه ورعاكم وكل عام وأنتم بخير وعافية وسلامة.

(حسام حمدان/ كفرراعي ـ بوسطن ـ ٢٠٢٣/٦/٢٧)

جمعة العيد:

بجمعة العيد، ربنا أتمم عيديتك علينا بهدايتنا وإرشادنا إلى مكارم الأخلاق للثبات والحفاظ على جذورنا بأرض وطننا–أصلنا بباطنه وعرقنا بالسماء مهما يحاول المتمردون والمتطرفون والمتسلطون والمنافقون اجتثاث أحلامنا بوطننا حرا مستقلا.

جمعة عيد مباركه بـالصبر والصلوات والصمود على ما هو حق.

(حسام حمدان/ كفرراعي – بوسطن ـ ٢٠٢٣/٦/٣٠)

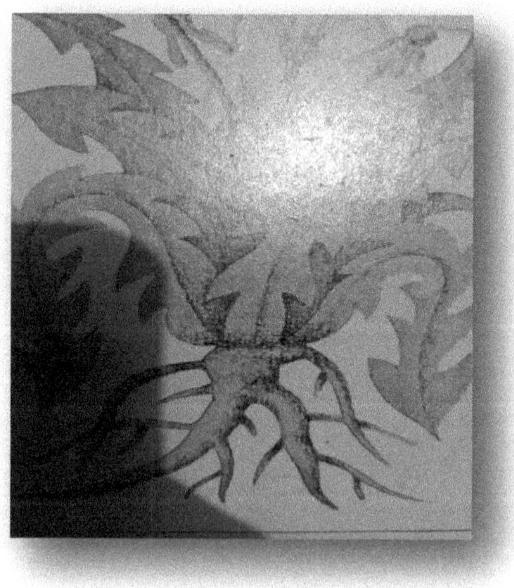

استقلال أمريكا

اليوم يصادف عيد الاستقلال الأمريكي من استعمار بريطانيا ١٧٧٦/٧/٤ عقبال الشعب الفلسطيني يأتي يومه باستقلاله بدولته الحرة المستقلة.

المناسبات وإحياء الذكريات التاريخية تعلمنا وتجعلنا ندرك أنه بالاتحاد والصمود على مطالبة الحق يتحقق الأمل مع الزمن.

ألف مبروك ويوم سعيد للشعب الأمريكي والنصر والحرية والاستقلال للشعب الفلسطيني.

(حسام حمدان/ كفرراعي ـ بوسطن ـ ٢٠٢٣/٧/٤)

Happy 4th of July! with fireworks and stars by BobKane   Zazzle

ثبات :

علقناها حطة بلابل وطينا الستائر، نقرأ نحاول نتساءل عن العابر وصفة رب منهم وفيهم يعتدون، فعل مضارع جاري مفعوله من الأزل إلى يوم يبعثون.

بالجمعة ربنا اهدينا واحمنا من الانصياع ألى ممارسة الحكم والعقاب الجماعي كما غيرنا يفعلون.

٧(حسام حمدان/ كفرراعي ـ بوسطن ـ ٢٠٢٣/٧/)

صحوة :

صحوتي بالفجر أعتبرها هداية ورحمة ونعمة من رب العالمين. معاي أربعين دقيقة، يجوب فكري برقم اربعين. بجيبة نطق اللسان يعذب الكلام ومعجزات الأنبياء. لعله بالذكر والسيرة نبأ بشاير اليوم فضله مبين.

(حسام حمدان/ كفرراعي ـ بوسطن ـ ٢٠٢٣/٧/١٦)

مراحل :

من القرآن الكريم وجد ويوجد أناس على الأرض احياهم(خلقهم) ثم أماتهم لسبب ولزمن أحيانا طويل ثم أحياهم ليجعلهم آية للناس أنه يحيي العظام وهي رميم، وإثبات وفاء كيانه على تطبيق ما وعد بكلماته بذلك الخصوص، ثم يميتهم كباقي البشر الناس ثم يحييهم يوم الحساب وحياة الآخرة.

فذلك النوع من الناس يختارهم الله ويمرون بهذه المراحل:

حياة موت حياة موت حياة.

لا نستغرب فكل واحد فينا قد كان وقد يكون من تلك الناس بأية لحظة ويمر بتلك المراحل. إن الله يغير الأحوال وهو على كل شيء قدير وعدا لم يقال وأتخذ عشوائيا.

قد يكون لك كرة/كرات أخرى للعيش على الأرض بعد موتك. من باب الرحمة والكرم ربنا اجعلنا منهم ونعيش بحرية واستقلال وسلام وعمران.

(حسام حمدان/ كفرراعي ـ بوسطن ـ ٢٠٢٣/٧/١٦)

سنة هجرية مباركة :

بمناسبة حلول السنة الهجرية الجديدة، نتمناها بلا عجرفيه انتهازية غبائية عنجهية جهجهونيه عصبيه جاهليه انتقامية همجيه أو وحشيه. سلميه على من يبغي السلام بعدل لا بسمسرة تبرطل على هوية شعبا ميثاقها حريه وإستقلاليه.

الهجرة لا تعني هجران لمن ترعرع وزرع وبنى بديار، فمهمها ترصعت وتعلت جدران، بالوعي والصبر يعود الحق ثمار وأشعار.

(حسام حمدان/ كفرراعي ـ بوسطن ـ ٢٠٢٣/٧/١٩)

الثورة

الثورة إللي ما بتخليك ترقص وتغني تهتف وتصيح بالشوارع والحارات ليست بثورة، بل أنها انتهازية ديكتاتورية تميل حيث يميل ريح الغريب، ثورة الأصول بالاحتواء لا تبالي، هدفها استقلال فاقع اللون وبالحرية يسطع بألوان.

ربنا خلق نعمة الألوان ويحب أن يراها على فعل الإنسان.

(حسام حمدان/ كفرراعي ـ بوسطن ـ ٢٠٢٣/٧/٢٢)

الفرقان :

الفرقان هو التفريق بين الحق والباطل، الخير والشر، الهدى والضلال.

ربنا آتى سيدنا موسى الكتاب والفرقان. نزل عليه الفرقان لينصر الحق على الباطل، وفيه تعاليم وإلهام كيف يسري بقومه، ويشق البحر بعصاته لينجوا وينتصر على جيش فرعون بالرغم من عدم توازن القوى.

ربنا أنزل القرآن وسمي بالفرقان لينصر الحق على الباطل نصره الله بمعركة بدر على قوم قريش بالرغم من عدم توازن القوى بمعركة بدر القرآن سمي بالفرقان.

هل الفرقان الذي نزل على سيدنا موسى نفس الفرقان الذي نزل على سيدنا محمد؟ قد يكون نفسه، جزءا منه، معدلا حسب الزمان والمكان والطبيعة وأحوال الشعوب العلمية ولاقتصادية والسيكولوجية.

فقد نقول إن الفرقان هو كتاب الله وفيه تعاليم ومعجزات ربانية وأمثلة بناءا على تطبيق إرادة ووعد الله وما يريد على الأرض.

والله أعلم.

(حسام حمدان/ كفرراعي ـ بوسطن ـ ٢٠٢٣/٨/٨)

الصفحة ١٥١

اعتبر:

من يقصد ويأذي أحدا عمدا فعلا غبيا إن فكر أنه لن يحاسب ونفد بذلك. ألى يدرك أن فعلته تعدي على حق المعتدى عليه؟ ربنا أمرنا بالتواصي بالحق، فلينتظر المعتدي انتقاما من العبد والرب بأية لحظة ومن حيث لا يحتسب.

اعتبر تراجع اعتذر الزمن مش لصالحك معتدي.

(حسام حمدان/ كفرراعي ـ بوسطن ـ ٢٠٢٣/٨/١٣)

نقوط من الواقع :

نقوط العريس شيكلات واصلات لنص ذينيه ، هل ذلك كرم أجاويد ام مباهاة من عرب تل أبيب؟ لك النظرة والخيار، بغض النظر إنه عرس ومبروك للعريس.

٢٠٢٣/٨/١٣

مشية عصرية

مشية عصريه حول الدار.....سفن وقوارب بالمية وسفينة بين غيوم الجو تستريح النفس وينتعش الفكر.

خطرت على بالي وتذكرت قول هالولد بتراثنا "وين ما رحت خفيف ونظيف، عليك تعزمني عالعرس، بجيب قوتي ونقوطي معاي".

(حسام حمدان/ كفرراعي ــ بوسطن ــ ٢٠٢٣/٨/١٣)

التطوع خيرا:

إن لم يشكرك أحدا على تطوعك خيرا فأعلم واطمئن أن الله لك شاكرا عليم—كما يقول تعالى" ومن تطوع خيرا فإن الله شاكرا عليم".

نلاحظ وندرك من كلمات الله المذكورة أن الله يخاطب ويوعد الفرد (لأهميته ومسؤوليته بالفعل وبدون تحديد من هو المتطوع بالخير، ولمن تطوع، ونوع وقيمة الخير ما دام يعرف بأنه خيرا فإن الله يعلمه وشاكرا للمتطوع. ذلك الشكر من الله (الغني القدير العظيم) للمتطوع خيرا هو رحمة ونعمة ورزقا منه رب العالمين. لا أحدا يدري ويعرف ماذا سيفعل شكر الله بحياة ذلك المتطوع خيرا وتأثيرها على الأرض—الاحتمالات عديدة وواسعة وجزاها خيرا بنهاية المطاف.

فالخير هو عمل/فعل ينفع الأرض ومن عليها للعيش بحرية واستقلال وسلام وعمران. الخير يجلب التفاعل والتضامن الإيجابي بعمران الأرض واستمرارية الحياة عليها لزمن يعرفه ويريده الله—هذا ما يريده الله من مخلوقاته.

تطوع خيرا فقد تنال شكرا من مخلوقات الأرض وبالتأكيد تنال شكر الله.

(حسام حمدان/ كفرراعي – بوسطن – ٢٠٢٣/٨/١٧)

الصبر مقاومة سلمية :

ربنا من خلال تعاليمه الدينية أوضح لنا وأعطانا عدة طرق وخيارات للدفاع عن الحق واستمرارية بقاؤه ونصرته بالدنيا. ومن تلك الطرق هو الصبر كما قال تعالى " تواصوا بالحق وتواصوا بالصبر"، ندرك من ذلك أن الصبر لا ينفذ ولا يزول ولكن لعدة أسباب ضالة ودنيوية وشخصية قد يخرج الشخص من الصبر إلى الاستسلام والخضوع والانصياع والأنانية والانتهازية والغدر والمكر على الحق. والحق لا يزول.

فقد نقول إن الصبر على ظلم الحق مقاومة سلمية عندما يدرك ويؤمن الشخص بأن له وعلى حق وأن:

١ – الله مع الصابرين وذلك وعدا.

٢ـألله ناصرا للحق.

٣ـألله لا يخلف وعده.

٤ـألله يغير الحال والأحوال بأية لحظة ومن حيث لا نحتسب

٥ـيكون ويفعل الشخص بما وسعه وقدرته على بقاء الحق حيا.

الصبر مصدر من مصادر الله كبير. فإن دخلت به فإنك من الصابرين ورزقك أن الله معاك لينصرك وينصر ما انت عليه بحق وعلى حق.

أعرف حقك وقدراتك وأصبر وأفعل وتواصى به لكي يمنحك الله الإرادة والكرامة والعزة لتعيش بحرية وسلام واستقلال وتساهم بعمرانالأرضاينما تكون.

(حسام حمدان/ كفرراعي ـ بوسطن ـ ٢٠٢٣/٨/٢٤)

الصفحة ١٥٩

خيرا :

كن مخيرا وافعل خيرا، فإن لم تجده على الطبيعة وعند البشر، ستجده عند الله— وهذا وعدا قائما ليوم الدين. وما تفعلوا من خير تجدوه عند الله، افعل الخير صاحيا وبعزة، ولا تسمحن لنزعات عائلية وعصبية جاهلية تحيدك عن ذلك أبدا.

(حسام حمدان/ كفرراعي ـ بوسطن ـ ٢٠٢٣/٩/٢)

كونك على الأرض موجود حسنة :

قبل خلق أدم، اعلن(وعد) لجميع مخلوقاته في الجنة أن الإنسان سيكون وليه على الأرض. من ذلك ندرك أن وجود كل إنسان على الأرض بحد ذاته حسنة لها وزنها بميزانه يوم الحساب. معا ومع ما يفعله ويعمله بوجوده على الأرض قد يثقل أو يخفف ميزانه ويقرر مصيره ومكانه بالآخرة.

كل إنسان وبغض النظر عن ما هو ولي الله على الأرض–وهذا حق بعين الإدراك والتطبيق. فبإرادتك وعلمك وجدك واجتهادك وتدبيرك لك الخيار أن تعيش بكرامة وحرية واستقلال وتشارك بعمران الأرض بدون تعدي وإساءة وأذى.

إنسان، كونك موجود على الأرض حسنة، فانطلق منه عزيزا كريما حرا مستقلا.

(حسام حمدان/ كفرراعي - بوسطن ـ ٢٠٢٣/٩/٢٠)

مفهوم العيش/الحياة على الأرض:

الله أوحى إلى الملك جبريل ليوحي للنبي والرسول محمد بناءا على أن الله توابا غفورا رحيما ما جاء بالحديث من خلاصة وكيفية العيش والحياة على الأرض، ذلك من اروع ما نزل من حديث وعلينا التدقيق وتطبيق ما تحتويه وتعبر عنه كلمات الحديث. من نتائجه إنسان حرا مستقلا يساهم بعمران الأرض.

(حسام حمدان/ كفرراعي ـ بوسطن   ـ   ٢٠٢٣/٩/٢٣)

خلاصة :

يبدوا أن كل شيء في الدنيا بيع وشراء حتى مرضاة الله الفرق يكون بالثمن/السعر وبالعمر وبالزمن للشيء. نخجل ونتهرب من تلك الحقيقة ونعطي تعريفات ومصطلحات بديلة وعديدة للبيع والشراء. أستغفر الله العظيم وخلق الإنسان عجولا.

(حسام حمدان/ كفرراعي ـ بوسطن ـ ٢٠٢٣/٩/٢٨)

* *

شمس خريفية

بشمس الخريف أنا وسرب الطيور على شط المحيط، اثرنا على الرمل خطوات يداعبها الهوى من بعيد. ما دمت حرا أسبح وطير.

(حسام حمدان/ كفرراعي ـ بوسطن   ـ ٢٠٢٣/١٠/٣)

إدراك وشكر:

ما دمت تدرك وتشكر الله على نعمته عليك، فإن الله قد يثبتها لك ويزيدها عليك حسب وعده " لإن شكرتم لأزيدنكم". فلا تحاول وتبدل نعمة الله عليك لأنه حسب وعده يعاقبك الله عليها "ومن يبدل نعمة الله من بعد أن جاءته فإن الله شديد العقاب".

القدرة على الأدراك والتمييز تختلف من شخص لأخر. فشخص قد لا يدرك ويتجاهل وينكر أنها نعمة الله، وشخص أخر قد يدرك أنها نقمة وامتحان من الله. بالحالتين، دائما أحمد الله على ما انت به فقد تكون نعمة وانت لا تدري حسب وعد الله" وعسى أنت تكرهوا شيئا وهو خير لكم وعسى أن تحبوا شيئا وهو شر لكم".

أحمي نفسك من غضب الله، فكونك حيا نعمة من الله فأحمد الله وأستغفره وأفعل بتلك النعمة بعلم وإخلاص وتدبير لأن عالم الله واسع عظيم.

دامت جمعة مباركة بإدراك وشكر على نعمة الحياة من الله الغني الحميد.

(حسام حمدان/ كفرراعي ـ بوسطن ـ ٢٠٢٣/١٠/٦)

الصفحة ١٦٨

حقيقة وواقع :

الظلم ما زال مدلل، ما فعل وسيفعل معلل مبرر مهلل.
يتجاهلون قرابة ٧٥ سنة والشعب الفلسطيني مظلوم، مسلوب
العدالة والحق بتقرير مصيره. لعلهم يدركون التقصير للعيش
بحرية واستقلال وسلام وعمران.

(حسام حمدان/ كفرراعي ـ بوسطن ـ ٢٠٢٣/٧/٨)

للأسف !

فعلا ويا للأسف ما نسمعه ونراه على شاشات التلفزيون! قلقانين على من سيحكم غزه بعد القضاء على المقاومة(ظلك إحلم). وكأن غزة ليست من فلسطين ولا يريدون لنا الوحدة الفلسطينية. وين وعوداتكم ومفاوضاتكم المزمنة الساقطة عن دولة فلسطينية متواصلة(الضفة وغزة) حرة ومستقلة وديمقراطية تعيش جنبا إلى جنب مع إسرائيل؟ بسرعة نسيوا تطرف واعتداءات المستوطنين وغطرسة وتمادي الحكومة الحالية.

ما جرى ويجري الآن هو فشل ذريع وواضح أن كل المفاوضات والمعاهدات والاتفاقيات السابقة لحل النزاع لم تكن مبنية على أسس لمصلحة الشعبين، لعل دعاة السلام والأمان يدركون ذلك وينهوا الاحتلال.

ما دمت تعرف حقك فأنت على حق، تمسك به ودافع عنه لكي تحققه.

(حسام حمدان/ كفراعي - بوسطن - ٢٠٢٣/١٠/١٠)

الصفحة ١٧٠

رف الحمام

رف الحمام رفرف وهدى، ببرم وأبصر وين إطير. إلى الجبارين والصابرين بفلسطين، رحمة وعزة وكرامة بجاه رب العالمين.

حسام حمدان/ كفرراعي ـ بوسطن ــ ٢٠٢٣/١٠/٢٧

صامد

من بني على باطل فهو باطل، ومال السلب يسلب. خليك صامدا وصابرا لأن الله والصالحين مع الصابرين. يطبق الله وعده عن طريق إرسال ملائكة تساند صبرك أو يهدي غيرك من البشر تدعمك وتقف جنبك. وبلحظة قد يأمر الله الأرض أن تفعل فعلتها لصالحك ومن غير المتوقع بتغيرات الجو.

كن حرا مؤمنا لا ييأس من رحمة الله وقلوب الأخيار من البشر.

حسام حمدان/ كفرراعي ـ بوسطن   ٢٠٢٣/١٠/٢٧)

خطة الاحتلال

خطة الاحتلال ما زالت سارية المفعول ومستمرة:

تحطيم وتدمير البنية التحتية لغزة لكي لا تكون صالحة للعيش فيها، وتهجير مواطنيها الفلسطينيين كاملا إلى أين ومن عاش ولا عاش منهم لا يهمهم الأمر، لعل ضمائر العالم تصحى من هذه النكبة الجارية.

حسام حمدان/ كفرراعي ـ بوسطن ٢٠٢٣/١٠/٢٨)

الحرب

بالحرب...الصغار يكبرون لحماية بعضهم بعضا. هل من قلوب تعطف عليهم

وتنجيهم من الموت؟ معجزة بهذا الزمن!

حسام حمدان/ كفرراعي ـ بوسطن ٢٠٢٣/١١/١)

سرعة البديهة

سرعة البديهة مفقودة عند بعض البشر، ما في أمان بالبر والبحر.

أطفال ونساء محاصرين يا تتر.

حسام حمدان/ كفرراعي ــ بوسطن ٢٠٢٣/١١/٤)

كفى

شعوب العالم بالحرية والاستقلال تفرح وتمرح، الفلسطينيون تحت حصار مدمن بعذاب وجروح لا تبرح.

فمهما تكون المناسبة تلمح، فأنت تكون بندوق ومجرم حرب إذا حسدت فلسطيني على لحظة فرح يسرح.

حسام حمدان/ كفرراعي – بوسطن ٢٠٢٣/١١/٤)

إن ما خربت ما عمرت

بحرب الأن كأننا نعيش بالمقولة "إن ما خربت ما عمرت". خطورتها فقد تعمر ولكن لغيرنا.

طول روحك، ريت الخير والدعم عند إللي نطوله.

حسام حمدان/ كفرراعي ـ بوسطن ٢٠٢٣/١٠/١٠)

لما تكون صاحب الأرض 💪

إضراب :

ضرب يضرب وسيضرب كل شيء أمامه ، فأقل ما فيه أيها الحر إضراب ، نعم إضراب له مفعوله بهذا الوقت لوقف همجية وغل هذا الاعتداء على الفلسطينيين. يلا .....

حسام حمدان/ كفرراعي ــ بوسطن ٢٠٢٣/١١/١٢)

مخلل:

زهقت وأنا ادور على خيار مخلل ولم أجد بطعم بلادنا. الأسبوع الماضي قررت انا أعمل خيار مخلل على وصفة دارنا. والله زبط وأخذ أسبوع وتخلل وبنكهة مقاثي أرضنا الحمرة.

ما دامه بالمرتبان حيظاني لزمن ولن يهرط، يبقى مرن ولذيذ بعصيره ويقرش قرش.

حسام حمدان

كفرراعي/بوسطن

٢٠٢٣/١٢/٢٩

بالعام الجديد بالعام الجديد

ما نتمناه وندعو إليه بالعام الجديد، حسن أخلاق وهداية من رب
العالمين. أن نحسن وندعم ونسند المظلوم، في دياره هدمت بيوته
وتحت الحصار بحرمان وذلا وفقرا وصبرا مبين
أللهم اجعلها سنة يتحقق فيها حق التحرر والاستقلال، بوطن يزدهر
بلمة شمل وعمران وسلام بعزة وكرامة
سنة جديدة علينا وعليكم بنية صافية وضميرا حيا ليس له نظير
كل عام وأنتم بخير

حسام حمدان
كفرراعي/بوسطن
٢٠٢٣/٢٢/٣١

من حيث لا تحتسب :

تذكر دائما أن قلوب البشر بين أصابع يد الله، فأية حركة بتلك الأصابع قد تجتمع أو تتفرق أو تبقى ثابتة قلوب. فلا تستغرب من حب جديد، ومن كره غريب، ومن زواج عديد، ومن صمود حب عتيق.

فقد نقول: عندما تتحقق أمنية القلب، كل شيء خارجه يعود إلى قيمته الأصلية.

لعل الله يفرد يده ويحرك أصابعه باتجاه ما تتمناه قلوبا صابرة بفجاة حب. لعله من وبالحب تنتهي حربا وينعش حرية وسلاما—من حيث لا نحتسب، آمين.

حسام حمدان

كفرراعي/بوسطن

٢٠٢٤/١/١٠